安定して頼まれるライターになる！

「書く仕事」の はじめ方・稼ぎ方・続け方

藤木俊明 著

同文舘出版

はじめに

誰でも「書く仕事」でお金を得られるようになれる!

▼「文章を書いて収入を得られるようになりたい」人へ

本書を手に取っていただき、ありがとうございます。最初にお断りしたいのですが、この本は「うまい文章が書けるようになりたい」という人のためではなく、「文章を書いて収入を得られるようになりたい」という人のために役立つようにと書いた本です。

うまい文章を書けることと、文章を書いてお金を得られるようになることは、少し違います(もちろん文章がうまいことは大きなプラスになります)。

では、文章を書いてお金を得られるようになるには、出版社で経験を積んだり、ライター教室に通ったりしなければダメなのでしょうか？　そんなことはありません。もちろんそれらは役に立ちますが、「自力で書いて収入を得る」ために必要なのは**「総合力」**です。ですから、特にライター経験のない人でも「文章を書いて収入を得られる人」になることはじゅうぶん可能です。

▼30年間「書く仕事」で生計を立ててきた筆者のきっかけ

実例として、筆者自身の話をさせてください。筆者は30年間「書く仕事」で生計を立てています。しかし、専門的なライター教育や研修を受けたことはありません。会社員時代はリクルートやぴあなど、メディア系の会社に勤めていました。その経験が多少有利に働いたことは認めます（独立後、それらの会社から「書く仕事」でお金をいただきました）。

しかし、会社員時代の筆者の職種は「営業」であり、「書く仕事」は何もしていませんでした。ところが、その「営業」という経験が役に立ったことはあとで話します。

筆者が「書く仕事」でお金をいただけるようになったのは、会社を辞めて独立したものの、すぐにクライアント（顧客）が倒産し、まったく仕事がなくなり窮地に陥ってからのことです。家賃も払えない状態で、何でもいいから仕事を見つけなくてはならない。しかし、もう会社員に戻るつもりもありません。

あてもなく、いろいろな交流会に参加して、出版社や編集プロダクションの人と知り合い、「何か仕事をください」と言ってみたところ、**「じゃあ、何か書く仕事をやってみる？」**と仕事をいただいたのがきっかけです。資格や技術、資金もない自分には「書く仕事」ぐらいしか見つけられなかったのです。逆に言えば「書く仕事」は、資格も技術も資金もなくはじめられるのです。

▼見よう見まねでライターの仕事をはじめた筆者

今、振り返ってみると、そんな状態でよく仕事をいただけたものです。見よう見まねで取材し、文章を書いて提出すると、編集者に徹底的に直されました。こちらはもういい歳（30代半ば）ですが新人ライターなので、年下の編集者でも意見を素直に聞き、書き直しては再提出していました。

自分によかった点があったとすれば、**年下の編集者のアドバイスを素直に受け入れられた**ことだと思います。もうこの仕事を失ったら食べていけないので、素直にならざるを得ませんでした。

そうしていくばくかの収入が振り込まれるようになりました。中にはなかなか振り込んでくれない会社もあり、苦労して集金したこともあります。そんなことも勉強のひとつになりました。

そして30年が経ち、このような書籍を書かせていただいています。自分は決して上手な文章を書けるライターではありませんが、今に至るまで「書く仕事」でお金を獲得することができた「秘伝のタレ」、それを本書で惜しみなく公開しますので、ぜひ気軽にお読みください。

▼今、「書く仕事」を得る機会が広がっている

筆者が「書く仕事」をはじめてから30年が経ち、インターネットによって状況が変

わり、「書く仕事」を求めるメディアや「書く仕事」周辺の業務が増えたなと感じます。クラウドソーシングというシステムのおかげで、誰もが「書き手」になり、収入を得ることができるようになりました。**昔のように「書き手」、つまりライターは特別な存在ではありません。**

さらに、ネットのおかげで「どこでも仕事ができるようになった」「資料をすぐ探せるようになった」「受注から納品までネットで完結できるようになった」など、場所や時間に縛られず「書く仕事」ができるようになりました。「書く仕事」は副業としてもとても有望な手段となっています。

ブログやSNSのおかげで、「何か書いて情報発信したい」と思ったらすぐにでも書き手になれる時代にもなりました。ですが、せっかくですから、書いてお金をもらえるレベルになりませんか？　筆者のまわりでは、「書ける人」がいないという発注側の声をよく聞きます。「書く仕事」に参加するなら今でしょう！

Contents

安定して頼まれるライターになる！
「書く仕事」のはじめ方・稼ぎ方・続け方

1章

「書く仕事」は求められている！

2章

ライターとはどんな仕事をするのか

5章 まずはウェブライターに挑戦しよう

6章 ステップアップ！ ウェブ以外の場でも活躍しよう

7章

「書く仕事」で知っておきたいお金のこと

8章 また頼みたくなるライターの要素

9章

「書ける人」は本業でも活躍できる!

カバーデザイン　三枝未央
本文DTP　三枝未央＋PRハウス(西田真一)

1章

「書く仕事」は求められている！

誰でも「書く仕事」で お金をもらえるようになれる！

▼インターネットが「書く仕事」を増やした

インターネットが大きく社会を変えました。特に大きなことは、**「読むための情報」が増えた**ということではないでしょうか？　「若者の本離れ」がよく叫ばれますが、紙の媒体からネット媒体に移っただけという説もあります。

新聞や雑誌、書籍で読んでいた情報が、今やスマートフォンやパソコン経由に変わり、毎時間、いや、毎秒のように新しい情報が流れて来るようになりました。つまり、それだけ「読むための情報」が増えたということです。そしてその**膨大になった「読むための情報」は、誰かがそれを書いている**ということになります。

大きなメディアや出版社だけではなく、新しいメディア（主にウェブ）がどんどん立ち上がり、情報を発信するようになりました。つまり、「書く仕事」はどんどん増えているのです。

昔はライターと言うと、専門の教育を受けたりメディアで経験を積んだ人がなるものでした。しかし今は、少しでも「書ける人」なら、すぐに仕事を**得ることができる**ようになりました。つまりライターになるためのハードルが低くなったのです。

▼メディア側の目線、「書ける人、いませんか？」

筆者が学生の頃は、「書く仕事」をしたいと考えると、「マスコミへの就職」、あるいは「作家になる」という選択肢しか思い浮かびませんでした。ところが現在は、ウェブという新しい形のメディアが大きく成長してきました。

ここで、ウェブメディア側の視点で考えてみましょう。

例えば筆者が、主婦向けウェブメディアの編集長だとしましょう。そうすると主婦に読んでもらわなくてはなりません。そこで「主婦目線で書ける人（ライター）」をたくさん集めたいと考えます。

ウェブメディアというのは、広告で成り立っているものがほとんどなので、たくさんPV（ページビュー。ウェブサイトのページを読んでくれた人の数）を集めなくてはなりません。また、Yahoo!のような有力メディアに配信してもらうためには、1日何本以上、月に何本以上記事を配信しなくてはならないという〝縛り〟があるのです。それらをこなすためには、たくさんのライターを抱えて、どんどんいろいろな記事を公開していかなくてはならないノルマがあります。

こうした事情からも、**ウェブメディアは常にライターを探しています。**ですからウェブメディア界隈では「書ける人、いませんか？」という言葉が挨拶のように交わされているのです。

▼「書く仕事」をしたい人にも大きな恩恵

ライターの専門教育を受けていない人にも、「主婦目線で書いてほしい」「ビジネスの現場で培った経験をもとに書いてほしい」など、「書く仕事」を求められることがふつうになりつつあります。必ずしも、スキルの高いプロのライターに頼まなくても済む分野が広がってきたのです。

例えば、育児、日々のレシピ、学校・幼稚園、住居、不動産、保険、お金の心配事などは、主婦が書いたほうがより読み手に共感を得られるテーマでしょう。

そして、インターネットのおかげで「書く仕事をしたい人」側にも大きな恩恵が生まれました。メールで連絡を取り合い、ＺＯＯＭで打ち合わせをし、原稿をＷｏｒｄで書いて納品し、修正もネット上でのやり取りで行ない、修正が終われば公開されるという、**「すべてがネットで完結する」**やり方が当たり前になりました。

「書く仕事」を頼む側にとっても、請ける側にとっても大変便利になったのです。20年ほど前は、出版社に出向いて応接室で打ち合わせをし、原稿を書いたらまた持ち込んで赤字を入れてもらうなんてことを当たり前にしていたのです。

それが今では書き手にとっては、場所と時間に縛られずに「書く仕事」ができるようになり、会社員でもすき間時間にカフェで執筆したり、主婦なら育児の合間に自宅でパソコンやスマホを使って執筆できるようになりました。つまり、**副業として、とても有望な仕事**になったのです。

「書ける人」がほしいメディアが増えたこと、そしてその敷居が下がったこと、さらに書きたい人にとって、やりやすい環境が整ったことで、誰でも「書く仕事」でお金をもらえるチャンスが広がったのです。

「書く仕事」が生まれるビジネスの仕組みを見てみよう

▼「書く仕事」の業界の仕組みを知ろう

本書では「書く仕事」という呼び方をしています。「書く仕事」をする人＝ライターと思っていただいて大きな間違いはありませんが、たくさんの「書く仕事」があることを知ってほしいと思います。

「書く仕事」には、方針として次の2つがあります。くっきり分かれるものではありませんが、大きな目安として覚えておいてください。

まず、**「どんなことを書くのか」**という軸で分けると、主に次の2つです。

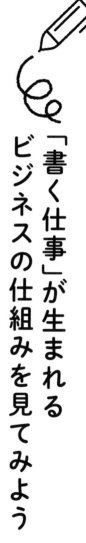

①メディア・出版社・クライアント（顧客・広告主）の方針に沿って書く
②自分の意見をベースにして書く

そして、書いたものが**「どんな目的で使われるのか」**という軸で分けると、主に次の2つです。

①報道・出版が主な目的
②広告・宣伝が主な目的

ほとんどの「書く仕事」は、この「2×2」のマトリクスのどこかに分類されるはずです。

そして、実際に書く人のまわりにはいろいろな役割の人がいます。

本書を読むとき、絶対に意識していただきたいのが、**「書く仕事」は「経済活動のひとつ」**ということです。これはとても大事なことで、みんながビジネスとして関わっているのです。その中のチームの一員として「書く仕事」を受け持つことになるのですから、「経済活動」の仕組みを知っておきましょう。その大まかな仕組みをお話しします。

▼「書く仕事」のビジネスを俯瞰してみよう

まず「書く仕事」で、**経済活動をまわす大元となるのはメディア、版元（出版社）、そしてクライアント**です。「『書く仕事』業界俯瞰図」（24〜25ページ）で言えば、右側の人です。大ざっぱに言えば、お金を出してメディアを運営する、あるいは出版物を販売して収益を上げようと考える人たちです。映画で言えばプロデューサーでしょうか。プロデューサーは運営するメディアを、「報道・出版が主な目的」にするか、「広告・宣伝が主な目的」にするかを検討し決めて、全体を統括する人です。

また、「報道・出版」と「広告・宣伝」は、はっきりと分かれているのではなく、両方が混在することも多いのです。例えば新聞・メジャーな雑誌などは「報道・出版」

「書く仕事」業界俯瞰図

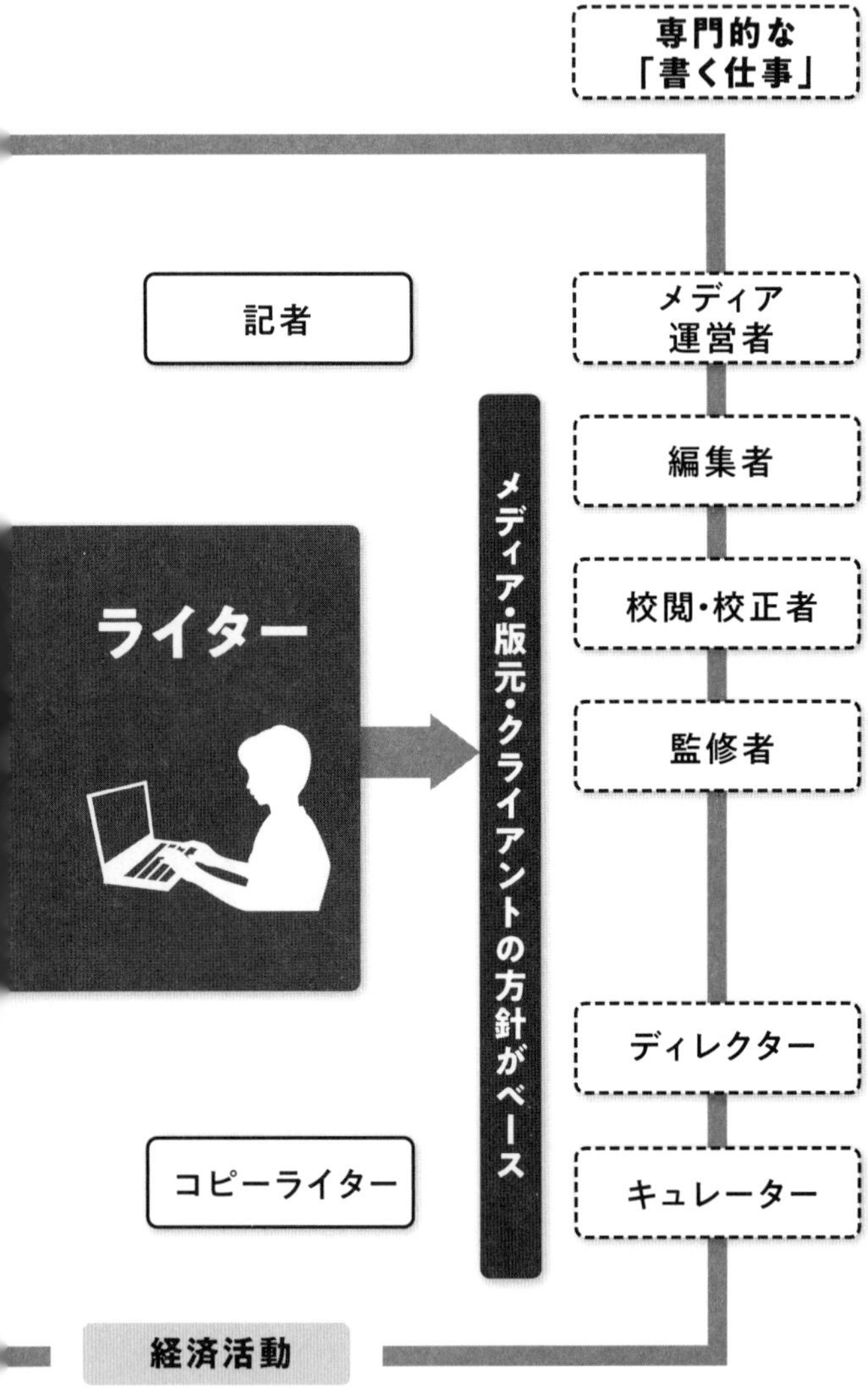
専門的な
「書く仕事」
記者
メディア
運営者
編集者
校閲・校正者
監修者
ディレクター
キュレーター
ライター
コピーライター
メディア・版元・クライアントの方針がベース
経済活動

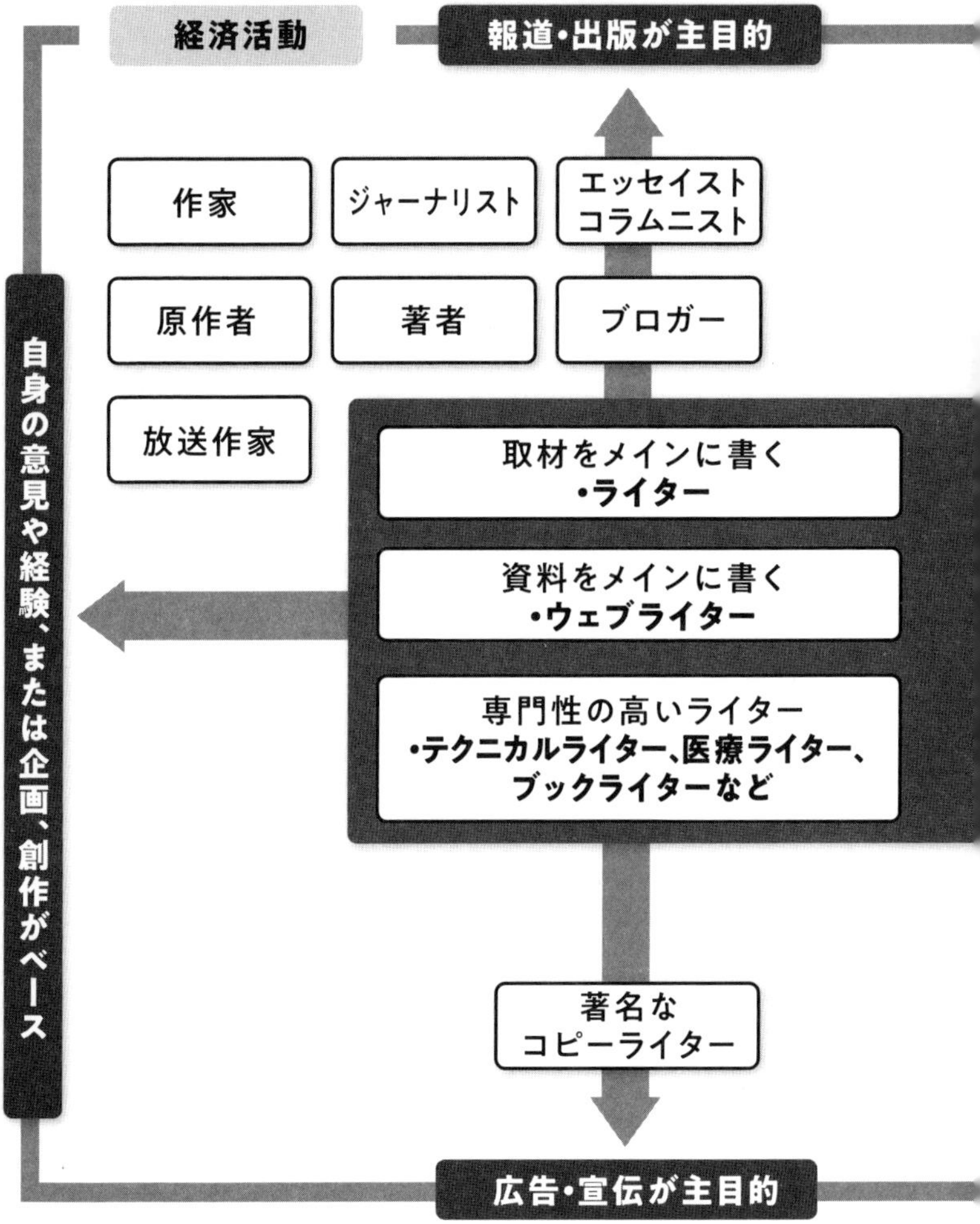
経済活動
報道・出版が主目的
作家
ジャーナリスト
エッセイスト
コラムニスト
原作者
著者
ブロガー
放送作家
自身の意見や経験、または企画、創作がベース
取材をメインに書く
・ライター
資料をメインに書く
・ウェブライター
専門性の高いライター
・テクニカルライター、医療ライター、
ブックライターなど
著名な
コピーライター
広告・宣伝が主目的

が主な目的ですが、広告こそが大切な収入源です。

求人媒体などは求人広告がほとんどですが、報道目的のニュース記事や有名人インタビューなども載せて読者を引きつけようとしているので、広告がメインですが報道記事が混在しているわけです。

▼報道・出版のチームでのライターとは

例えば、プロデューサー(メディア運営者)が「報道・出版」を主な目的としてメディアを運営したいと考えます。「報道・出版」目的のメディアというのは、取材相手などからはお金をいただかず、ターゲットとする読者に読まれて支持されることで、購読料金をいただく仕組みです。

そうしてたくさん読まれるようになると、雑誌なら販売料金と広告料金、ウェブメディアなら有料購読料と閲覧数に応じた広告収入が望めます。質が高く、人気が高い記事は二次利用と言って、ほかのメディアに再販売されたり、別途書籍になったりするので、そこでも収益が得られます。

プロデューサーは、実際にメディアや出版物を出していく現場の「編集責任者」（編集長）を任命します。映画で言えば監督でしょう。編集責任者はプロデューサーの意向に沿って、コンテンツ（記事や読み物、ビジュアルなど）を企画し、そのコンテンツをつくるチームを運営するために編集者を集め、**編集者はライターやデザイナー、カメラマンなどのクリエイターを探します。**クリエイターの多くは社員としてではなく、外注者として参加することが多いです。

ライターはそのチームの一員となります。ライターがお金をいただくためには、編集長が決めて担当編集者から指示されたメディアの世界観（コンセプト）や制作上の決まり事（レギュレーション）を理解して、原稿を書かなくてはなりません。

メディアの世界観は、雑誌なら表紙や宣伝文句に「母親の困り事解決マガジン」などと掲示されています。レギュレーションは、文章のトンマナ（トーン&マナー＝tone & manner。表現に一貫性を持たせること）や表記ルール、文字数などメディアによって決められます。

編集者はライターが書いた作品（記事）を受け取り、メディアの世界観に沿っているか、世に出して十分なクオリティを持っているかどうかを吟味し、修正が必要であれば、ライターに手直しを依頼します。そして編集者が校正（誤字脱字やおかしな文章を修正する）を行ない、専門的な媒体では校閲（書いてある内容の正確性をきびしくチェックする）を行ないます。大きなメディアでは校閲部門を別に設けています。もし専門的な知識が必要な内容なら、専門家に監修してもらい、最後は編集長がチェックしてメディアに掲載されます。ここではじめてお金が発生するのです。

▼広告・宣伝のチームでのライターとは

メディアの収益は、雑誌などでは広告料金や販売料金でまかなわれます。その収益でみんなが生活しているのですね。慣れてくると、「広告として記事を書いてほしい」という依頼がライターにされることもあります。「『書く仕事』業界俯瞰図」（24〜25ページ）で言うと右下のほうです。

広告記事を書くためには、クライアントの意志を汲み取って商品やサービスの説明を行ない、販売促進、あるいはブランディングの構築に貢献しなくてはなりません。

専門的にはコピーライターという職種がありますが、ウェブメディアで多いのは、実際に取材を行なって、インタビューなどから記事広告をつくる仕事です。

「書く仕事」にはどんな仕事があるのか

▼「書く仕事」の種類① ライター・ウェブライター

本書では、ライターを2種類に分けて説明しています。「ライター」と「ウェブライター」です。「ウェブライター」も「ライター」の一種であり、特に分ける必要はないのですが、世の中的に「ウェブライター」という名称が一般化してきたので、便宜上分けています。ここで一度、この2種類を筆者の主観で次のように定義します。

【ライター】

・メディアで記事などの文章を書く仕事に携わる人

・一定のスキルが必要
・取材を中心として書く

【ウェブライター】
・ライターの中でも、主にウェブメディア上で記事などの文章を書く仕事に携わる人
・一定のスキルは必要だが、あまりスキルを要さない仕事も多い
・取材を行なわず資料を中心に書く場合もあり、仕事内容はさまざま

そもそもライターとは、実際に現場に出向いて人物や出来事を取材して、新聞や雑誌、広告パンフレットなどの紙媒体に文章を書くことが主な仕事でした。そこには、一定のスキルが求められていたのです。

しかし、インターネットが登場して、ウェブメディアが隆盛になると、ウェブ上で「書く仕事」を中心とする人が現われてきました。これがウェブライターです。その中には取材を行なわず、ネット上の資料をもとに記事を書く人も増えてきました。もちろん書くためには一定のスキルが必要ですが、門戸が広がり、すき間時間でできる「書く仕事」も増えてきて、あまり経験がない人にとっても、入り込みやすい仕事になってきました。

また、**「記事」**という言葉も本書ではよく出てきます。ライターとは、基本的に「経済活動の中で『記事』を書く仕事」と言い換えてもいいでしょう。その「記事」という言葉の本来の意味を押さえておきます。少々堅苦しいところですが大事なことです。

辞書によると、**「刊行物の中で、独立した著作として区別できる一まとまりの文章。図や写真も含まれる。著者は明示されているとは限らない。雑誌記事や新聞記事のように、主として雑誌や新聞において使われる。「論文」ほどには学術的、研究的著作という意味は乏しく、事実の報告、解説を中心とする」**（コトバンク図書館情報学用語辞典 第5版より引用）とあります。

ここに「主として雑誌や新聞」とありますが、これが現代ではウェブも含むことになります。

つまり記事とは、**「事実をもとにして書くひとまとまりの文章」**です。ここの「事実をもとに」という点がとても大切なので、ご記憶ください。記事とは決して自分の感情や思いを自由に吐き出すものではありません。

そう言うと、「ガチガチに堅いものを書かなくてはならないの？」と心配されるかもしれませんが、筆者は、「記事を書くときは、あくまで前提として事実をメインに書く。それに関してメディアや読者の思いを代弁するような感想や意見を少しだけ書いて個性を出してもいい」という方針でライターに接しています。ただし、事実と意見はしっかり分けて書く必要があります。

そして、ウェブライターを含むライターは、メディア・版元・クライアントの方針に従って仕事を行なう立ち位置になります。ただし、ライターが持っている独自の技量や知識などによって、ある程度「自分の意見」や自分の切り口で書くことを認められる場合もあります。

また、取材の有無にかかわらず、専門性の高い技術まわりのことについて書く**「テクニカルライター」**、同じく医療に関することを書く**「医療ライター」**なども存在します。書籍をまとめることに特化した**「ブックライター」**という仕事もあります。これは著者に話を聞いて、著者の代わりに1冊の本を書き上げる仕事で長期的に取り組むことになります。1冊の本を書き上げるには（200ページぐらい）かなりの経験や筆力が求められます。しかし報酬は数十万円単位となります。ブックライターの仕事については後半で説明します。

▼「書く仕事」の種類② 記者・ジャーナリスト

ライターの中でも、**報道に特化して取材をし、メディアに記事を寄稿する人を「記者」**と呼びます。記者はメディアの意向に従って取材をしていく人ですが、記者と同じような活動をしていても、**独自の視点を持ち、自分の知見や意志をもとに取材を行ない、記事にまとめる人を「ジャーナリスト」**と呼んだりします。もちろんジャーナリストにもメディアの意向は働きますが、より「自分の意見や視座」を生かした「書く仕事」ができます。

ただし、この分野は新聞社や出版社など、プロの現場で鍛えられた人でないと仕事に就くことはむずかしいでしょう。「書く仕事」の経験がない人は「次の段階」として見ておいたほうがいいかもしれません。

▼「書く仕事」の種類③　エッセイスト・コラムニスト・ブロガー

エッセイストやコラムニスト。「書く仕事」をやりたい人にとって、魅力的な仕事ではないでしょうか。ただし、この2つには違いがあります。

「コラム」とは、そもそも新聞や雑誌の「囲み記事」のことを指します。「記事」と言うからには、**根拠のある事実に基づいて書かれる文章**になります。コラムを書くコラムニストには、本来しっかりとした事実の裏付けが求められるのです。

これに対して、**「エッセイ」**は「記事」ではありません。**自由に自分の意見を述べる「随筆」**のことを指します。何かの物事を自分の感性を生かして解釈し、面白い切り口で書くのがエッセイで、そういう独自の個性を持ってエッセイを書く人がエッッセイストです。

もちろん事実でないことを何でも書いていいのかというとそうではありませんが、より自由度が高く面白さが求められます。むしろ「作家」や「芸能人」に近いですね。人気タレントや著名人のようにファンがついていれば、ある程度自由に書かせてもらえるでしょうが、経験のない人にとっては、飛び抜けた文才やよほどのラッキーがない限りはむずかしい仕事です。本書を読んでライターを目指す方は、こちらの方向ではないと思います。

ただし、独自の個性を持っていると自分で感じている（あるいはまわりから認められる）人は、さらに感性や文章力を磨き、ブログなどで発表するなどしてエッセイストを目指すのは大いにありでしょう。


どちらにしても、経済活動の中で求められるものに違いはありませんので、基本的には市場価値があるかどうかで選ばれます。そしてメディアの世界観を保ちながら読者にウケるものであり、メディア・版元・クライアントの意向に沿うものでなくてはなりません。

前の2つのような**一切の制約がなくはじめられるのが「ブロガー」**です。ブログを書きはじめれば名乗ることができます。メディア・版元・クライアントの意向も関係ありません。しかし、もちろんお金も入ってきません。ですが、アクセスを集められるようになると、広告が見込めたり、「ｎｏｔｅ」のように自身の書いたコンテンツを有料化できたりが可能になります。

また、書いたコンテンツがメディアの編集者の目に止まって、ライティングを依頼されることもあります。これから「書く仕事」をはじめたい人は、まず何らかブログをはじめておくのがベターです。「自分の文章のサンプル」として人に見せられますし、アクセスを集めるために工夫する中で、ウェブライターとしての技量も磨かれると思います。

▼「書く仕事」の種類④ 作家・著者・原作者

「『書く仕事』業界俯瞰図」（24～25ページ）の左側のほうは、「自分の意見や経験、または自分の企画したもの、創作をベース」にした「書く仕事」です。

もちろんメディア・版元・クライアントの意向がまったく関係ないわけではありませんが、**ある程度自分主体で書けるのが、小説などを書く「作家」**です。純粋に創作を行なう作家には誰でもなれるものの、それでお金を得るのは大変にむずかしいこと。まず才能が第一ですが、運もあるでしょう。努力だけでたどり着くのは至難の業かもしれません。

それに比べて**仕事やスキルについて書く人を「ビジネス作家」、旅行などを主体に書く人を「旅行作家」**と呼んだりもしますが、これらを書く「著者」にはがんばればなれる可能性はあります。

出版社に自らの企画が認められ、書籍として出版されると「著者」と呼ばれます。もちろん簡単になれるものではありませんが、純粋な創作作家より、自分の経験や体験、考え方やオリジナルな手法などを持っている場合、意外と道が開けることがあります（筆者がいい例です）。

ただし、1冊の本を書くために、編集者がつきっきりで指導したり、先ほど述べたブックライターに依頼したりするようなこともあります。それでも文章自体はブックライターがまとめたとしても、著者として名前が出ることは変わりありません。ここはやはり経済活動の一環ですから、「時の人」「話題の人」が著者になることが多いのです。

実は有名人の本でも、インタビューや資料を集めてブックライターが書いたという書籍はたくさんあります。筆者もブックライターを経験したことがありますが、なかなか大変です。（本当の）著者が内容に満足してくれなくて「こんなふうに書いてほしくない」と言い出して、執筆をやり直したこともありました。

ちなみに、出版社に認められて本を出すことを**「商業出版」**と言い、自費で本を出版することを**「自費出版」**と言います。現在、その中間ぐらいの出版方法もあり、出版した本を一定数買い上げることを条件に出版を認められることもあるようです。また、出版社を通さず、Ａｍａｚｏｎなどで電子書籍として出版する方法もあり、この場合はＡｍａｚｏｎで売れた分だけ印税が入ってきます。

少し変わった作家の位置付けとして、**劇やマンガの原作を書く「原作者」**という仕事もあります。**劇などのシナリオを書く人は「シナリオライター」**と言われます。

劇やマンガの表現は独特で、未経験者がすっと入っていける世界ではなさそうです。筆者もマンガの原作を書いたりしていますが、マンガにする場合、文字を書きすぎてはダメで、絵を生かせるように工夫しなくてはならず、むずかしいものがあります。

▼「書く仕事」の種類⑤　ブロガー

先ほども述べましたが、「ブログ」を書くのがブロガー。特に人気が高い人は「アルファブロガー」と呼ばれていました（近ごろはあまり聞かなくなりました）。ブロガーはあくまで自分で主体的にはじめるもので、「仕事」というイメージはないかもしれません。

また、それで直接、収入を得られるイメージもないと思います。しかし、ブログを書くのは**「書くトレーニング」のために有用**ですし、ライターとして応募するときにも、**「書いた文章の見本」として使う**ことができます。

人気ブロガーになれば、どこかから「書く仕事」が依頼される可能性もあります。

アクセスの高いブログを運営していれば、アフィリエイトで収益を得ることも可能ですが、そこまでのアクセス数を稼ぐのは大変です。やはり「書くトレーニング」としてブログを書くのがベターでしょう。

さらに企業によっては、「ｎｏｔｅ」などブログ形式で公式コンテンツを運営しているところもあります。オウンドメディアといって、**企業自身で発信するメディア**を運営している会社では、ブログを書くこと自体が仕事になります。そんな仕事が外部のライターに依頼される例も少なくありません。

▼「書く仕事」の種類⑥　専門的な仕事

ここまであげた分類のほかに、翻訳者、テープ起こし（動画や録音データから文字を書き起こすもの。なぜかカセットテープを使っていない今でも「テープ起こし」と言います）、速記者、スピーチライターなどの専門的な「書く仕事」が存在します。

これらは、経済活動だけでなく、公的な場面で依頼されることもある「書く仕事」です。自身の意見や創作の入る余地はほとんどなく、しかも報道や広告目的でもない場合もありますので、少し「書く仕事」としては別枠に考えたほうがよさそうです。

ＡＩの発達（自動翻訳、自動書き起こし）でこれらの仕事は今後需要が減ったり、仕事の内容が変わるかもしれません。とはいえ、ＡＩがカバーできない部分もたくさんあります。例えば、座談会などの収録は、「誰が何を言ったか判然としない」「声と声がかぶったりする」「専門用語が理解できない」などで、なかなか現在の技術では完成度高く仕上げるのはむずかしいようです。

なので、テープ起こしについては、今後もアルバイトのニーズはあると思います。そんなに経験や技術は必要とせず、丁寧に聞いて文字にしていけばいいので副業にいいかもしれません。「ただ話されたことを書き起こす」だけでなく、「書き起こして文章にする」というレベルになるとさらに需要が広がります。

1時間のテープ起こしで1万5000〜2万円ほどの報酬が多いようです。その書き起こしたデータはプロのライターに渡されて、編集され、文章化されます。

▼「書く仕事」を支える人や仕上げる人

まずは何と言っても「編集者」です。編集者は、メディア運営者や編集長から指示されたメディアの世界観とレギュレーションやメディアの読者層をライターに説明し、テーマや企画内容を示します。そして大切な仕事は、「ライターが書いた素材を吟味し、どうやったらより多くの人に届けられるコンテンツになるのか検討すること」と、「記事の吟味とフィードバックの繰り返しによってライターを育てていくこと」です。

これはメディアに入社して教育を受けないとなかなかできません。定義の仕方はいろいろありますが、**「より多くの人に読んでもらえる記事をつくり、それによって収益を稼ぐ」という仕事なのでマーケターに似ている**と思います。マーケターのように世の中のトレンドに敏感で、読者が今何をほしがっているかの仮説を立てて、検証できるような人が向いています。

大きな出版社や新聞社には、**専門的に校正・校閲を行なう人**が存在し、「書かれたもの」の内容が正しいかどうかチェックします（校正・校閲とはどんなことをやるのかについては後述します）。

ウェブメディアでは、ウェブ記事としてデザインが施されます。一定の作業が済んだら、テストサイトで「見え方」や内容の最終チェックを行ない、ＯＫなら「校了」で、指定日時に公開します。

紙媒体であれば、デザイナーがレイアウトを決めて、ＤＴＰ（パソコンで印刷物を制作する工程のこと）担当が文字を組み、写真を配置するなどして、問題がなければ印刷工程にまわします。

ここに絡んでくる**デザイナー、ウェブエンジニア、ＤＴＰ担当者、印刷関係者といったすべての人**が「書く仕事」を支える人であり、最終工程で仕上げる人たちになります。

これからの時代、「書ける人」には〝引き合い〟が途切れない

▼「書ける人」とはどんな人？

ここまで述べてきたように、「書く仕事」の種類はたくさんあり、しかも慢性的に人手不足です。なので、**「書ける人」**には仕事の〝引き合い〟は途切れません。

それでは、「書ける人」とはどんな人なのでしょうか？　筆者はライターでもあり、ライターに仕事を発注する側でもあります。そこで筆者が頼みやすい「書ける人」のイメージをお話しししていきます。

①「経済活動の一環として書くこと」をしっかり認識している人

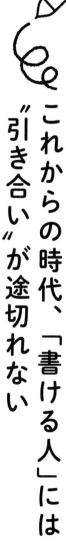

②依頼された内容をよく理解し、どんな原稿を書けばいいのかイメージできる人

③基本的に文章を書くことが好きで、「書くことで食べていきたい」と願っている人

この3点が基本です。「え？　文章力は？」と思われるかもしれませんが、③のように文章を書くことが好きな人は、自分で何らかの努力をしてきているはずです。その時点で、わけのわからない文章を書くことはないでしょう。文章を書くことが好きであればそれだけでつかみはOKです。

ちなみに「文章を書くことが好きではない」という人の文章は、読めばだいたいわかるものです。それでも「書く仕事」でお金を得ていきたいという人には、先にあげた「専門的な仕事」の中に、何か選択肢があるかもしれません。または自分がプロデューサーになり、「書ける人」を集めてメディアをつくる「事業側」に立つ方法もあるでしょう。本書のところどころで言及しますが、新しく出てきた「チャットGPT」のような技術を使って、AIに書いてもらう方法も実現化するかもしれません。

▼「書ける人」の定義を押さえている人には、「じゃあ書いてみる？」と声をかけたい

もちろん個々人によって、筆者が発注側として依頼しようとするジャンルが、その人に「合う・合わない」ということはあります。しかし、この3点が揃っていれば、「じゃあ書いてみる？」と声をかけたくなります。

この3点はライターにとっての基本であり、その前に**「ビジネスをする上での当たり前のこと」**を身につけているかどうかが大切で、それは「書く仕事」に限ったものではなく、ふつうに会社で働いていれば身につくことです。つまり、会社でそれなりにビジネス経験を積んだ人はもうそれで大丈夫です。「書く仕事」、ライターの仕事をはじめるのはそんなに敷居が高いものではありません。

「書く仕事」に向いている人・向いていない人

▼「書く仕事」に向いているのはこんな人

あえて「向いている人」「向いていない人」と分けましたが、前述のように「書く仕事」をはじめるのはそんなに敷居が高いものではありません。ただし、お金をいただいて仕事として続けていくとなると、やはり「向き・不向き」があるのは確かです。

まず、**「向いている人」**。これは前述のように**「文章を書くことが好きな人」**が一番先に来ます。自分でブログを書いたり、ＳＮＳで発信したりすることが苦にならない人。これは、**「自分の文章を人に読んでもらうことが平気な人」**とも言えます。

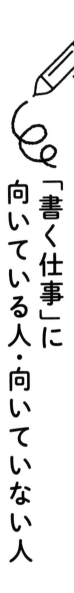

自分が書いたものを誰かに読まれるのが嫌だということでは、そもそも「書く仕事」に向いていないので、お金をもらう手段として「書く仕事」を選ぶのは、考えたほうがいいかもしれません。自分がつらくなります。

「読書が好きな人」も向いている人です。読書が好きな人は、自然と文章力が高くなります。ほとんど正比例すると言っていいでしょう。たくさん本を読んでいる人は、自然に文章のトレーニングをしているようなものですから。

読書が好きな人は、**「読み手の立場を考える」ことができる**はずです。「書く仕事」でお金をいただくということは、自分が書きたいことだけを書くことではありません。最初に業界の仕組みを説明したように、メディアやクライアントが読み手に何らかの影響を与えようとして依頼してくるのですから、**「読み手は果たして依頼通りの影響を受けてくれるだろうか？」**と読み直し、改善、工夫することは大切なことです。そういう意味では、**「改善の手間をいとわない人」**も向いています。「書いたよ～。はい、おしまい」という人には、仕事がだんだん来なくなるかもしれません。

▼自己管理ができ、締め切りを守る人

ビジネス全般に言えることですが、「自己管理ができる人」も向いている人です。そう言うと大概の人は尻込みするかもしれませんが、そんなにむずかしいことではなく、**「精神や体調を整えて仕事ができる」「時間を守る」**など、基本的なマナーです。

もっと具体的にお話ししましょう。向いているのは**「(取り決めた)締め切りを必ず守る人」**です。前述したように、経済活動の中で、関係者が全員スケジュールを立てて仕事をしています。ライターが原稿を上げたあと、チェックして直し、その後ウェブサイトをつくったり、印刷にまわしたり、すべては締め切りの中で動いています。それが壊れると全体のスケジュールが破綻してしまうのです。

これは「書く仕事」に限らず、フリーランサー、あるいはビジネスパーソンすべてに言えることでしょう。筆者が「書く仕事」を誰かに頼もうと思うとき、一番困るのが、約束の期日を守らない人です。

そして、その守らない原因は「自己管理ができないこと」にある場合が多いのです。

正直、そんな人とやり取りするのはくたびれます。よほどの才能があれば別ですが、筆者は次からはお願いしません。そういった人の中には、すぐ感情的になる人もいますが、これは文章以前の問題で、ビジネスとして「書く仕事」を続けていくのは困難でしょう。

世の中には、「性格的に時間や締め切りを守れない人」も一定数いるようです。もし病気のせいであれば気の毒ですが、そうであってもやはり「書く仕事」をお願いするのはむずかしいです。

副業で「書く仕事」をする人にしても同じです。副業であってもお金のやり取りをする以上、プロとして仕事に取り組む姿勢が必要です。

そう聞くと、ちょっと怖くなるかもしれませんが、逆に、そうしたお金のやり取りの中で、締め切りに追われたり、きびしい指摘を受けたりすることで、「書ける人」として成長し、評価されていくはずです。

「書く仕事」をしたい人に必要なもの

▼書くために必要なツールとスペースとは？

まず前述の「自己管理」と「締め切りを守る」ことについては、心構えとして準備しておくべきです。あと必要なのは、「書くためのツール」と「書くための時間や集中できるスペース」をどうするか考えておくことです。

まず「書くためのツール」です。パソコン、特にすき間時間に「書く仕事」をやっていきたい人にはノートパソコンがいいですね。数年後には変わるかもしれませんが、**基本はＷｏｒｄで納品**することが多いので、**ノートパソコンとマイクロソフトのＯ**

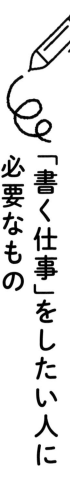

ｆｆｉｃｅソフトは現状必須と言えます。スマートフォンやタブレットでもかなりのことはできます。

近ごろはＧｏｏｇｌｅドキュメント（Ｗｏｒｄに近い機能を持ち、Ｗｏｒｄファイルとしてダウンロードすることもできる）での納品を求められることも増えてきました。大きなファイルを送付したり、受け取ったりするときにもＧｏｏｇｌｅドキュメント（ドライブ）は有用ですので、Ｇｏｏｇｌｅのアカウントはひとつ持っていたほうがいいでしょう。基本的な機能は無料で使えます。

大きなファイルをやり取りするためには「データ便」もよく使いますし、「ドロップボックス」などのアプリも有用です（基本機能は無料）。「ドロップボックス」とＧｏｏｇｌｅドキュメントは連携できるので便利です。

同時になるべく高速のネット環境も必要です。調べものをする、動画を視聴する、納品する、「ＺＯＯＭ」などで取材をするときなど、高速のネット回線がないと仕事になりません。

▼できたら揃えておきたいもの

Ｗｏｒｄのほかに必要なのが、「日本語入力ソフト」です。使いやすい、自分に合ったものがほしいですね。作業能率がぜんぜん違うからです。

筆者の場合、マイクロソフトが提供している日本語入力ソフト（Microsoft IME）は少し使いにくいです。代わりに「ＡＴＯＫ」（エートック　有料ソフト）という日本語入力ソフトをずっと使っており、辞書を鍛えて、自分がほしい単語が早く正確に打てるようにしています。「お金をかけるのはちょっと……」と言う人は、「Ｇｏｏｇｌｅ日本語入力」もいいかもしれません。こちらは、流行の言葉や人名を素早く提示してくれます。

もうひとつ、できたら揃えておきたいのが、「文字を打ちやすいキーボード」です。ノートパソコンのキーボードでは能率が上がらないことがあります。しっかりしたキーボードは書く能率を上げます。また、タブレット、スマートフォンでもブルートゥースなどで接続できるキーボードがあるといいでしょう。

▼書く時間と「集中する机」はどうする？

「書く時間」は平日のアフターファイブや土日、あるいはすき間時間で確保するとして、その仕事をどこでするかです。自宅に環境が揃っていればそれでよいのですが、すき間時間や家で作業できない人はネットや電源の揃った環境を使えるようにしておかなくてはなりません。それにはある程度の費用がかかります。カフェで行なう人も多いようですが、急ぎの作業なら別ですが、落ち着いて仕事ができるかどうかは場所によります。また、セキュリティの面からも少し不安です。

筆者は、安く借りられる**コワーキングスペース**をおすすめします。その理由のひとつとして、**みんなが集中して仕事をしているので、こちらもさぼらずに作業ができます**（意外と大事なポイントです）。

また、もうひとつの理由として**「複合機」があったほうが何かと便利**だからです。書いた原稿を見直すとき、筆者はできるだけプリントアウトをして確認します。また、もらった資料をスキャナーで読み込んだりするときもあります。

最初から全部揃える必要はありませんが、「書く仕事」でお金をもらっていこうとしたら、最低限、**パソコンまたはタブレット、ネット回線、安いプリンター兼スキャナー**（1万円程度からあります）ぐらいは揃えておきたいところです。

そして、コワーキングスペースはカフェよりはセキュリティが保たれるはずで、カフェにお金を使うのなら、行きつけのコワーキングスペースを利用するほうがいいと思います。

▼取材の仕事をしたい人が揃えておきたいもの

「取材する仕事をしていきたい」と考える人は、**ICレコーダー**も必要です。これも1万円以下で見つかると思います。高機能なものは必要ありません。また、取材をするときに、簡単な撮影をすることもあるので、**デジカメ**を使えるとさらにいいです。ただし、ICレコーダーもカメラも、スマホで何とかなることが多いので、最初から揃える必要はありません。

あれもこれもと必要なツールが増えてしまいましたが、まずノートパソコンとネット回線。これだけあればとりあえず「書く仕事」ははじめられますので、ご安心ください。

▼さらに準備しておきたいこと（学ぶ）

文章がうまくなくても構わない、文章を書くことが好きであればつかみはＯＫだと言ってきました。それは嘘ではありませんが、やはり人が読んでわかりやすい文章を書くことについて、基本的なことを知っている人には仕事を頼みやすいことは間違いありません。

筆者はそんな準備を何もしないで、「書く仕事」をはじめてしまいました。それでも何とかここまで来れたので運がいいとしか言えないのですが、できたら最初に基本的なことを学んだほうが、道は開けると思います。

・文章力を上げる古典的な本を読む

・ライター入門的なネット講座を（短期でよいので）受講する
・ライター入門的なリアル講座を（短期でよいので）受講する

これらがはじめやすい選択肢です。特に、講座を受けることにより、仲間が増えたり、仕事を頼まれたりするルートができることもあります。

筆者の場合、ライター講座は受講しなかったのですが、「Illustrator」（グラフィックデザインツール）や「Photoshop」（画像編集ソフト）を学ぶために、ある編集プロダクションのパソコン講座に通っていました。そうしたら、講座とは関係なく「ちょっとライティング手伝ってくれない？」と声をかけられ、パソコン講座の受講料と差し引いてもお釣りが来るほどの報酬をもらったことがあります。あとで詳しく述べますが、実は「『書く仕事』は人から来ることが多い」のです。

必ずしも文章がうまい人に仕事が来るわけではない――つまり誰でもなれる

▼「仕事が来る人」とはこんな人

筆者のまわりのライターには、それだけで長く生計を立てている人もいますし、副業ライターとして安定的に仕事を請けている人もいます。

皆さんそれぞれタイプも違うし、十把一絡げに特徴を述べるのは乱暴かもしれませんが、おおよそ「仕事が来る人」には次の特徴があります。①から③は「『書く仕事』に向いているのはこんな人」（48ページ）の項で述べたことと重なっています。

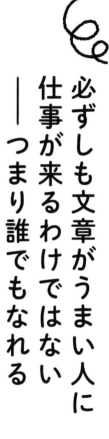

①締め切りを守る人
②自己管理ができる人
③精神的に安定している人
④コミュニケーション力がある人
⑤スピード感がある人
⑥得意分野がある人
⑦相手（特に編集者・担当者）の立場で考えられる人

①～③は当然として、次の④コミュニケーション力がある人も重宝されます。**編集とのやり取り**もそうですが、**取材先とやり取り**をするのに、相手の心を開かせ、いろいろなことを聞き出すためにコミュニケーション力は必要です。ベテランライターの中には、あえて相手を怒らせるようなテクニックを使う人もいますが、それは読者の皆さんが目指すものではないでしょう。

⑤の「スピード感」、つまり「速い」というのも、仕事を頼むほうからすると、と

ても助かるポイントです。例えば**メールの返信が速い、仕事への取りかかりが速い**などスピード感のある人は、仕事を頼む側に安心感を与えます。

メールの返信は遅くてもその日のうちに、できたら3時間以内に返したいところです。頼むほうもスケジュールに追われており、「ちゃんと届いたかどうか」を心配しているのです。「受け取りました。ゆっくり読んで明日返事します」という返事でも、とてもありがたいものです。

⑥の「得意分野がある人」にはとても仕事を頼みやすいです。これは後述しますが、誰でも得意分野を持っています。「自分はふつうに会社勤めをしてきただけ」「ずっとエンジニアだっただけ」と言う人もいるかもしれません。いえ、それでいいのです。自分が仕事で積み重ねてきた経験がとても役に立ちます。

「書くこと」×「得意なこと」という〝かけ算〟が成立すれば、ライターとして「書く仕事」と分野が必ずあります。

⑦はむずしいのですが、**編集者、そしてメディアがどんなことを求めているのか、**

読者にどういうことを伝えようとしているかを想像できる人には、ぜひ仕事を頼みたいです。

「書く仕事」とは、自分が書きたいことを書くのではありません。何度も言いますが、経済活動として、プロジェクトチームの一員として、読者に何かを伝えるために書くのです。

特に、ウェブライターの場合は、記事が読者の行動喚起を促進する、つまり、読者の背中を押すことが求められます。もちろん、十分に読者のことを考えて練り上げた記事でもぜんぜん受けなかったということもあります。しかし、編集者の意図を理解して、さらに編集者の立場になって読者のことを考えて記事を書いたのに外した、という場合は、ライターの責任ではありません。編集者と一緒に「どうして読者に受けなかったのか」を分析することができるからです。

あなたが「書く仕事」をはじめるべき理由
――現役ライターに聞く

▼「書く仕事」は取り組みやすい

ここまで読んできた方は、多少なりともライターや「書く仕事」に興味がある人でしょう。将来は「書く仕事」でやっていきたいとぼんやり思いながら、まずは「副業」として考えている人も多いのではないですか？

「書く仕事」は副業に最適です。そうであれば、**今すぐはじめてみましょう**。資格を取ったり、ライター教室に行ったりする前に、とにかく「書く仕事」を探してみませんか。それぐらい、「書く仕事」は取り組みやすいものと言えます。

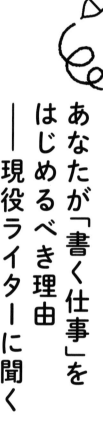

「もう少し書くのがうまくなったらはじめてみよう」というのでは、おそらく永遠にスタートしないでしょう。まず何らか行動してみる。そして、何か仕事を獲得できたら経験してみる。やってみると、いろいろなことがあるものです。失敗もあるでしょう。しかし、大けがをするような失敗はしないはずです。メディアなどに自分の書いた文章が掲載され、それでいくらか報酬をもらえたら、こんなにうれしいことはないはずです。そうしたら、「もっとうまくなろう」と考える。そんなサイクルが実戦的です。

▼考え込むよりまずは行動してみたら

ビジネスの世界に、**「リーンスタートアップ」**という言葉があります。ご存じかもしれませんが、**何かビジネスのアイデアを思いついたら、その商品やサービスをすぐ市場に出してみます**(クラウドファンディングを利用する場合も多いです)。そこで消費者からの本音の意見を聞いてさらに改善し、商品やサービスをさらによいものにしていく方法です。

今までは、「商品をもっと改善して完璧なものにしてから市場に出そう」という会社が多かったのではないでしょうか？　しかしそれではいつまで経っても商品化できないし、せっかく「完璧だと考えたもの」が消費者に受けるのかどうなのかわかりません。

「もっといい文章が書けるようになってから」と自分で考え込むより、まずは市場に出してみて、「こうしたらもっとよくなるよ」といろいろな人に、いろいろな角度から評価してもらうのが、成長していく一番の早道です。

最初は恥ずかしかったり、いろいろ言われるのは嫌だったりするでしょう。それでも、そこは少し踏ん張って乗り越えてください。プロ野球界の名将、野村克也さんもかつて、「自分の評価は他人にしてもらうもの」と話していました。他人の評価というのは意外と当たっているものです。

それでは、実際に「書く仕事」に携わっている人たちにお話を聞いてみたいと思います。どうやってライターになったのか、どんな仕事をして、どれくらいの収入になるのか。専業や副業などさまざまの事例ですが、何かヒントがあるはずです。

現役ライターに聞く①

企業勤務から編集プロダクションを経て専業ライターの道に

阿部欽一さん　52歳　ライター／ディレクター

阿部欽一さんは大手自動車ディーラーに新卒で入社。その後、友人を介して編集プロダクションに入社。ライターや編集者として腕を磨き、現在は独立し、「キットフック（ｋｉｔ　ｈｏｏｋ）」という屋号のライターとして、多数のビジネスコンテンツを手がけています。中でもＩＴ関係の取材やライティングの評価が高い方です。

――「書く仕事」をはじめたきっかけを教えてください。

新卒で入社した会社で総務部に配属され、社内報の制作などに携わりました。そこで企画、取材、執筆、編集の全部、冊子ができるまでのひと通りを学びました。もともと書くことが好きだったのですが、「書く仕事」で食べていけないかと考えるようになりました。そこで出版社に勤務していた友人に頼み、小さな編集プロダクションに入り、大手ＩＴ企業のコンテンツ制作なんかを担当しましたね。

――阿部さんは現在、ＩＴ関係のコンテンツの執筆をたくさんされていますね。そのノウハウはその編集プロダクションで身につけられたのですか？

そもそも文系ですし、ＩＴ関係のことにはそんなに詳しくなかったのですが、そこで仕事の中でお客さんに取材しているうちに身についてきた感じですね。今でもそうですが、取材相手からむずかしい単語や知らない横文字言葉が出てきたらすぐに調べますし、場合によっては関連する本を読んだりして勉強したりしてました。

――文系でもＩＴ関係のコンテンツを書けるというのはどういう強みがあるのでしょうか？

例えば、私なんかよりはるかにＩＴ技術に詳しい人はたくさんいるわけですね。しかし、それを読者にわかりやすく伝えるということは別ものだと思います。

――ＩＴ関係のコンテンツの執筆は、比較的報酬が高いイメージがありますが、どんな感じですか？

そんなに高いわけではありません。３０００文字の原稿を書くとして、１本３万～５万円がベースで、出張しての取材が必要など、拘束時間が長い案件では、実費も含めて、もっといただくことになるという感じですかね。

――仕事はどのようにつなげていっているのでしょうか。

メディアで取材したら、その取材した企業から、そこのコンテンツ制作を依頼されるということがありますね。あとはライター仲間などの紹介、自分自身のホームページ（http://kithook.jp/）からも依頼が来ます。自分の仕事のポートフォリオ（制作実績）をつくり、ホームページに掲載しておくことは必須ですね。私の場合、情報セキュリティの仕事を長く続けてきたので、それに関する依頼が多いです。ちょうどここ数年、情報セキュリティが企業の大きな課題になっていることもあり、そういうジャンルが得意だということがポイントになっているようです。

――自ら営業はしないのでしょうか？

ある時期、いろいろなメディアのホームページの問い合わせフォームに自分のポートフォリオを送ったりしていました。最初は細かい仕事でも、だんだん信頼されてくると仕事が流れてくるようになりましたね。

――そういった信頼はどうやって得るものでしょうか？

もうこれは当たり前のことで、「締め切りを守ること」。何なら、想定より少し前倒しに納品するなどです。

――今後ライターになりたい人に何かメッセージをください。

今後は「チャットＧＰＴ」などのＡＩがライティングの世界に入ってくるでしょう。だけど、人が読みやすいように「編集」することにはまだまだ入って来られないと思います。なので、編集スキルも身につけたほうがいいのではないでしょうか。

現役ライターに聞く②

「プロ格ライター」を目指していたはずが「ブックライター」から本の著者に

高橋健太郎さん　44歳　作家・人文学ライター

高橋健太郎さんは、『真説老子　世界最古の処世・謀略の書』（草思社）や『どんな人も思い通りに動かせる　アリストテレス　無敵の弁論術』（朝日新聞出版）など、古典や思想を現代人にわかりやすく解説する著書の出版や、ビジネスメディアへの寄稿など執筆活動を行なっている方です。高橋さんは、そもそもブックライターからキャリアをスタートしました。

――「書く仕事」をはじめたきっかけを教えてください。

２０００年ぐらいに「プロ格ライター」（プロレスや格闘技に関する記事を書く仕事）になろうと思い、プロレス雑誌の元編集長がやっているライティング塾に通ったんです。その関係で「仕事がある」と紹介された人が編集プロダクションの社長でした。プロレスの仕事かと思って喜んで入社したのですが、実際はビジネス書の仕事で（笑）、そのままそこでお世話になり、その後独立したんです。

――「書く仕事」は編プロからはじめたのですね。

編プロに入って2ヶ月で、いきなり本を1冊書けとライティングや編集の仕事を任されて、インタビューからテープ起こしまで全部ひとりでやらされました。もう仕事の中で覚えるという感じでしたね（笑）。小さな編プロだと、何から何まで自分でやるわけですが、全体の流れがわかるという意味で私にとってはいい経験だったかもしれません。

――ライターになるために編プロに入るのはおすすめですか？

うーん。今の時代、編プロに入ってライターを目指すというのは大変かもしれません。ブックライティングについては一定の需要はあると思いますけど。「書く場」自体、幅広くなってきたじゃないですか？　「ｎｏｔｅ」などの有料コンテンツもありますし、まずは何でもいいから、長い文章を書くことでお金をもらうという経験を積むところからはじめたらいいんじゃないでしょうか。そして、とにかく自分の書いた文章を多くの人に見られる緊張感を味わっていかないと上達しません。

ブックライティングで言えば、「本1冊分の長い文章」を書ける人ってそうそういないんですよ。「著者から原稿をもらったけど使いものにならないからリライトしてくれ」って依頼を受けたりも結構しますから。

――ブックライターの仕事をどのように獲得してきたのでしょうか？

最初のうちは面白そうな著者を見つけて、出版社に連れて行き、「この人の本を出しませんか」と提案していました。「ライティングはぼくに任せてください」と仕事をもらうわけです。それで、印税を著者に何％、自分に何％とか。ただ、自分が企画を立てて、自分で書くのなら印税は全部入ってくるわけですからね（笑）。実入りとしては著者のほうがいいわけです。近ごろは著者仕事がメインになりました。

――著者としてはどうやって営業するのでしょうか？

ぼくの場合、例えば編集者と趣味の話などで個人的に仲よくなって、それで「こんな本なんかどうですかね」と提案していました。ただ人間関係も大切なんですが、やっぱり「企画」が面白いかどうかです。もっと言えば、面白い企画があって、それが自分にしか書けないものであれば、自然と著者にはなれるんです。まとめると、文章力は前提ですが、人間関係をつくる力と、企画する力みたいなものもかなり大事なんじゃないでしょうか。

現役ライターに聞く③

スタートアップ広報として活躍しながらライターの仕事も

安彦守人さん　44歳　株式会社シニアジョブ 広報

安彦守人さんは、シニア世代に特化した転職支援のスタートアップで広報として活躍しています。また、そのかたわら副業ライターとしても活動されている方です。安彦さんに、副業ライターについていろいろ伺いたいと思います。

――「書く仕事」をはじめたきっかけを教えてください。

もともと20代の頃、「有料メルマガライター」でした。その後もインハウス（内製）の自社マーケティング向けライターを、広報等と兼任で10年務め、その頃から外部から依頼されて執筆することが度々ありました。転職して今の会社で広報専任になったあとも副業でライターをしています。ただし、今は本業が忙しく、あまり仕事を受けていません。

――副業ライターとしてはどんなことをやっているのでしょうか？

かつては企業のウェブサイトやECサイトの文章が多かったですね。プレスリリースの作成や添削の依頼を受けることもあります。また、形だけではありますが、「不定期」扱いの連載を、ウェブビジネスメディアと専門紙で持っています。

――報酬はどんな感じなのでしょう？

報酬はまちまちですね。1000～6000文字程度の記事であれば、1本0円から3万円程度の幅があります。文字数も200～2万文字までさまざまです。

――仕事はどんなルートで来たのでしょう？

ほぼ人脈上からですね。経緯は先方が何となく私を思い浮かべてくれたのでしょうか。

――副業ライターを目指す人にアドバイスお願いします。

私はあまり「お金を稼ぐこと」を意識していないので、参考程度に考えていただければと思うのですが、ひとつは、作業、経費、時間、流れ、料金などをある程度、明確な形にすることです。もうひとつは、ステップアップするイメージを明確に描くことです。そして、もうひとつ、自身の文章、あるいはそれ以外の要素の「価値」が何かを意識することですね。

副業とはいえ、「とりあえず働いてみる」は「安売り」になりかねないので、慎重にしたほうがいいでしょう。ジャンルなどを絞る必要はありますが、絞りきらず、複数チャレンジするべきです。また、楽しく無理をせず、インプットとアウトプットをし続け、改善し続けるとよいと思います。日常でも、自分の文章でほかの人が喜んでくれる瞬間を大切にしたいですよね。

――安彦さんの本業は広報ですが、副業の「書く仕事」が役立つことはありますか？

広報にとって「書く仕事」はとても大事です。特にプレスリリースを書くことが広報にとって大事な仕事ですから。でもそれだけではありません。会社のオウンドメディアに記事を書いたり、ＳＮＳで発信したり、どれも「書く力」が必要とされます。副業でライティングの力を磨いてきたことは、本業である広報の職務にも、とても役立っていますね。また本業が落ち着いたら、ライター仕事もやりたいと思っています。

現役ライターに聞く④

60歳でまったくの未経験から ウェブライターをはじめて

村上光子さん　65歳　ウェブライター／クラウドワークス・WEBライターコースメンター／メンタル心理カウンセラー

宮城県にお住まいの村上光子さんは、60歳まで販売の仕事に携わり、ライターの経験がありませんでした。ところが販売の仕事を卒業し、クラウドソーシング最大手クラウドワークスに登録してから5年。ウェブライターとして多くの案件を受注するだけでなく、後進の指導も行なっています。

――「書く仕事」をはじめたきっかけを教えてください。

私は70歳まで働くつもりだったのですが、立ち仕事がつらくなってきたのです。でも引っ込むつもりは全然なかったんですよ。そうしたら体を使わずに働けるクラウドソーシングという方法があることを知ったのです。たまたま地方をまわって、ワーカー支援していたクラウドワークスのセミナーで、講師から基本的なことを教えてもらい、ウェブライターの仕事をはじめることができました。

――すんなりとはじめられたのでしょうか？

それが、初めてクラウドワークスに登録したときは何が何だかわからなかったんです（笑）。最初の登録でもう戸惑っちゃって「めんどくさいや」って。ライターの仕事って、辞書を片手に鉛筆を持ってというイメージだったんですよ。

そんなの嫌だと思っていたんですけど、ウェブライティングって何か答えがはっきりしていて、とても自分の性に合ったのですね。また、クラウドソーシングって年齢は関係ないですし、自宅でできるので、身を粉にして働くということでもないですし。足腰が弱ってもできる仕事です。キーボードを打っていると認知症予防にもなりそうな気がしますね。

―― それが今やメンターとなって後進のライターを教える立場になったのですね。最初はどのようにライティングの勉強をされたのですか？

クラウドワークスに登録すると「みんなのカレッジ」というコミュニティがあるのです。そこのスタートコースでメンターの人にいろいろ教えてもらいました。案件の獲得方法やメールのやり取りの仕方など、手取り足取り丁寧に教えてもらえます。

それでも最初は手探り状態でしたから、できるだけ簡単なものから、アンケートなどタスク形式の仕事をしていました。そんなアンケートの仕事ですら、最初はなかなかうまくいかなかったですけどね。初めてライティングの仕事にチャレンジできたのは5ヶ月経ったくらいです。

―― 最初の案件はどうでしたか？

正直に、クライアントに「クラウドワークスでのライターの仕事は初めてです」と伝えました。また、私は心理カウンセラーとしても活動しているのですが、その活動実績もお見せしました。結果、クライアントから「またお願いしたい」と言われてうれしかったですね。

――それから5年間続けられているわけですね。

今は、メンターとして後進を指導する立場と、個人契約のライターとしての仕事をしています。ひと月の収入は販売員をしていたときとほぼ変わらないぐらいになりました。体力もそんなに使いませんし、これからも続けていきたいです。

2章

ライターとはどんな仕事をするのか

ライターの仕事を分解する

▼一般的にライターの仕事は4種類に分類される

前章で大まかに分類図を示しましたが、ここから、「ライター」の仕事を分解してみます。今回は、「作家」や「著者」、「記者」など経験を積む必要があるものや、特別な位置付けにありそうなものは省き、一般的な「ライターの仕事」を考えます。

①資料を調べて記事を書く仕事（ウェブライターに多いパターン）
②イベントを中心に取材して記事を書く仕事
③人を中心に取材して記事を書く仕事

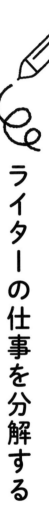

④自分の専門性を生かして、①②③それぞれで記事を書く仕事

さらに、大きく**「報道用」**と**「広告用」**に分かれます。

一般的には「報道用」なので、この先、単に「記事」とあったら、報道用の記事のことだと理解してください。つまり、読者に読んでもらい、気づきを与えたり、それによって行動を喚起したり、楽しい時間を過ごしてもらうことを目的とするものです。

▼ライターが仕事をするときに自問自答すべきこと

前記の①〜④に従事するとき、共通する流れは次のようなものです。

メディア（編集担当者）にテーマを与えられ、記事のライティング（執筆）を依頼されます。そのとき、メディアの世界観や制作規定（レギュレーション）、ターゲットとする読者層、そこにどんなテイスト（メディアの世界観に合わせた書きぶり）で書くのかを指示されます。また、文章全体の分量や締め切りなども指示され、いよいよ書き出します。

どうやって書き出すのかは、実際によくある流れに沿ってお話しさせてください。
まず大事なのは、文章を書くときに次のことを自問自答することです。

- **メディアの世界観に従っているか？**
- **メディアのレギュレーション（制作規定）を守っているか**
- **ターゲット読者のことを意識し、刺さるかどうかを考えているか？**

まずはこの3点を考える癖をつけていただきたいのです。どんなにいい文章を書いても、この3点がお粗末だと、お金をいただくことはできません。

▼入稿と校了

ちょっと味気ない言い方ですが、**ライターの仕事は、締め切りまでに「メディアの世界観とレギュレーションを守りながら、ターゲット読者のことを考えた原稿のファイルを編集者に納品する」こと**です。〝ターゲット読者のことを考えた原稿〟のところは〝ターゲット読者に刺さる原稿〟と読み替えていただいて構いません。原稿を納品することを「入稿」（にゅうこう）と言います。そして編集・発注元の指示に従って修正し、納品完了です。

これ以上修正が必要なく、記事としてメディアで公開するだけ（または印刷・製本されるだけ）の状態になることを「校了」（こうりょう）と言います。校了は全体の作業の流れで使われる言葉で、ライター自身は編集者にＯＫをもらった時点で仕事完了のことがほとんどです。

基本的にこの作業の繰り返しですが、自分が書いて納品した文章がメディアに掲載されるのは、とてもうれしく励みになるものです。

ここまでが一般的な流れですが、**「テーマそのものを提案してほしい」と企画作業から依頼される**こともあります。ライターと編集者で話しながらテーマを検討したり、テーマを絞り込んでいったりすることもあります。そういう中で経験を積み、面白い提案や鋭い切り口を編集者に提案できるようになると、ライターとして重宝されるようになりますし、報酬が上がる可能性が高くなります。

それでは、ここから分類したライターごとに、どんな仕事をしているのか、分解していきましょう。

▼①資料を調べて記事を書く仕事（ウェブライターに多いパターン）

生活やレジャーなど、「軽い読み物」としてウェブ記事を書くウェブライターの多くは、取材よりも資料を調べて書く仕事が中心となります。

ウェブライターごとにやり方は違うでしょうが、ごく一般的な流れはこうです。編集者からテーマを与えられたら、**「季節感」「トレンド感」**などをもとに、どんな記事を書くか方針を立てます。**「中心となるキーワード」**を考えます。ここがウェブライターの特に大切なところで、ウェブ記事においてはＧｏｏｇｌｅなどの検索にどれだけ引っかかるかが勝負です。

キーワード自体を編集者から指示されることもあります。その**キーワードを文章の中にたくさん、しかも自然に散りばめることが必要**です。いくら検索に引っかかっても、読みづらい、不自然な文章になっては元も子もないので、このあたりがウェブライターが苦心するところかもしれません。それから、キーワードに関連するものや言葉をたくさん書き出しておくことも有効でしょう。

そして、ネットでテーマに関連する資料を探します。この際、使いやすいのが**「プレスリリース（報道発表資料）」**と**「官公庁発表資料」**です。この2つは、出典をきちんと書けば、内容を転載・引用しても問題にならないのです（条件をつけられるものもあります）。なぜなら、プレスリリースはもともと記事にしてほしくて各社が出すものですし、官公庁資料は国民・市民のために役立つ情報をビジネス関係なく発表しているものだからです。

これらの資料を参考にＷｏｒｄやＧｏｏｇｌｅドキュメントで記事を書きます。まったく取材しないということではなく、電話で話を聞いたり、情報を確認したりすることもあります。また、ネット情報だけでなく、図書館で調べものをすることもあります。

記事をどう書くか、また引用の仕方など守るべきルールについては、大事なことなので後ほど改めてお話しします。

▼②イベントを中心に取材して記事を書く仕事

ここからは取材して記事を書く仕事です。「取材」とはよく使う言葉ですが、辞書には**「作品や報道の材料をある物事・人から取ること」**（コトバンク）とあります。つまり、資料だけに頼らず、現場に行ったり、人から話を聞いたりしたことを参考にして、テーマに沿った記事を書くための工程ですね。

例えば、幕張メッセなどで催される見本市やそこで行なわれるセミナー、各社の新製品や新サービスの報道（記者）発表イベントなどに行って取材し、原稿を書きます。

これらイベントには、ライターは「プレス」として訪問します。**「プレスデー」**と言って、一般客を入れずに報道関係者だけが見学し説明を受ける日も設けられ、プレスキットという発表資料をまとめたものが渡されます。取材に来た人がその場ですぐ記事を書けるように電源やＷｉ‐Ｆｉ、飲み物が準備されたプレスルームが用意されている場合もあります。

ちなみに、景気のいい企業の記者発表イベントでは、立派な弁当が準備されていたこともありました。企業は、自社のことを記事にしてほしくてもてなしを行なうのです。

そういうイベントを中心に記事を書くときは、**スピードが大切**になります。例えば3月5日にあったイベントやセミナーの記事を6月に公開したのでは、読者に「古い情報」と受け取られてしまいます。他媒体に先に記事を公開されたら、担当する媒体の記事の注目度が下がってしまうことになりかねません。

よってイベントなど「生もの」を取材するときは、十分に下調べをしておき、何なら資料を読んで書ける部分は先に書いておきます。実際に取材して、違っていたところを直したり、見たり聞いたりして面白かったことを加筆していく方法もあります。

そして、「生もの」の仕事にはICレコーダーが必須です。大事な話を録音しておき、あとで聞き直したり、書き起こしたりすることが求められます。

さらに「生もの」の仕事については撮影も求められます。昔は、写真撮影はプロのカメラマンが担当するものでしたが、費用減やスピードを優先し、ライターが簡単に撮影してくる場合も増えています。スマホなどでもきれいに撮れますが、デジタル一眼レフを持って、ある程度使えるようにすると、「私、簡単な撮影ならできます」と言えます。そうすると「書く仕事」を依頼される可能性がぐっと増えます。

取材を終えたら、録音したデータを聞いたり、撮ってきた写真を整理したりして、いよいよ記事を書きます。これはスピード勝負です。そして記事原稿のファイルと写真を入稿します。その際、写真にキャプションをつけることも忘れてはいけません。

こうした「取材」の仕方や手順については後ほどくわしく説明しますが、「資料を調べて書く仕事」より、記事を1本作成するのに、**かなり手間や時間がかかる**ことがわかるでしょう。つまり、報酬を少し多くいただかないと割に合わないということです。

▼③人を中心に取材して記事を書く仕事

同じ取材をする仕事には、専門家や著名人など、「人」を取材して記事を書く仕事もあります。もちろん、前述のイベントやセミナーを取材し、その場で誰かを詳しく取材するという組み合わせもよくあります。じっくり時間をかけて（だいたい1時間が目安。30分と指定されることもある）、話を聞き原稿を書きます。

こちらは「生もの」でも、かなりレベルの高い「書く仕事」になります。時間がかかっても仕方ありません。どうやるかの手順については後述しますが、基本的に取材する人の著作物やほかのインタビューなどを事前に読んでおき、質問票を作成して相手に聞きながらまとめていきます。

ICレコーダーは必須ですし、慣れた人はパソコンを開いて、聞きながら文字を打っていきます。聞きながらパソコンを打つほうが効率はいいのですが、筆者は相手との話に集中したいので、メモを適度に取りながらも、話すことに集中します。

何と言っても人間が相手です。機嫌を損ねることもありますし、気が乗っていろいろな深い話をしてくれることもあります。当日は話を引き出すことに集中し、あとでICレコーダーを聞いて、書き起こしを行ない、じっくり構成するようにしています。書き起こしには新しいツールもありますので、こちらもあとで紹介します。また、ここでもカメラマンがいないときは、人物写真を自分で撮ります。

イベントやセミナー、そして人物などの「生もの」の取材は、新型コロナの流行からは、リアルに訪問して取材するのではなく、ZOOMなどのビデオ通話越しでの取材になったり、動画のセミナー（ウェビナー）を見たり、動画ファイルを渡されて、そこから書き起こしをする場合も増えました。こうした方法なら時間は大幅に短縮できますし、わざわざ訪問する手間も省けるのでありがたいのですが、画面を通してのインタビューは少しやり取りがしにくいですし、動画にいたっては、言葉が不鮮明だったりするので、やりやすいとは言えません。

特にビデオ通話の場合、回線速度が遅くて途切れたり、マイクやスピーカーの音質が悪かったりするとはかどりません。家から取材するときは、回線速度をなるべく速くし、しかもＷｉ‐Ｆｉではなく有線でつなぐほうが安全です。もちろん音声は録音させてもらうようにお願いします（必ず事前にお断りを入れておきます）。

書き起こして、改めて聞いたけれどよくわからない部分はネットで調べて補完し、場合によっては追加で取材し、原稿ができたら写真と一緒に入稿します。手間も時間もかかりますし、原稿プラス写真撮影ですから、割増しの報酬をいただかなくては割に合いません。

▼④自分の専門性を生かして、①②③それぞれで記事を書く仕事

ＤＸやロボティクス、通信ネットワークなどデジタル系に強く、ある程度技術のことがわかる人、またメタバース・生成ＡＩなど旬のテクノロジーや業界状況に詳しい人、あるいは医療や金融など専門分野に強い人は、ここまで紹介した①②③どの仕事でも依頼が来やすくなります。

しかも、報酬は高めになります。なぜなら専門分野について記事を書ける人は意外に少ないからです。専門家であっても、わかりやすい文章を書けるとは限りません。〝専門家あるある〟で、専門用語だらけの論文みたいになってしまい、たとえ学術記事としての価値は高くても、経済活動として多くの人に読んでほしい記事としてはあまり好まれません。だからこそ専門性を持ち、かつ「書ける人」が必要とされるのです。

逆に言えば、何かの専門分野を持つ人が「書く仕事」をはじめようと思えば、とても有利な状況になるということです。もちろん編集者が手伝ってくれますし、仕事はたくさんあります。

もちろん**テクノロジー分野**に限りません。**アート、音楽、スポーツなどの趣味でもいいでしょう。会社で経験した総務、人事採用、法務などのバックオフィスの仕事。**あなたのこれまでの経験が「専門分野」になっている可能性があります。例えば**HR（Human Resources：人事採用）**系の書き手は近ごろ人気です。

「書くこと」×「得意なこと」

前述のこの図式が成り立てば、仕事が請けやすくなるということをしっかりご理解ください。

▼その他ライティングの仕事例

ライターがよく依頼される仕事に「リライト」があります。あらかじめ書かれた文章を読みやすく手を入れてほしいとか、以前の記事を現在のトレンドに合わせて書き直してほしいという内容が多いです。

また、ウェブサイト向けに、製品やサービスの紹介をコンパクトにまとめてほしいという依頼もよくあります。リライトの仕事は、ふつうの報酬より少し割安になりがちです。

また、「人へのインタビュー」に近いのですが、経営者などの自分史をまとめてほしいという依頼もあります。これは取り組む時間や分量がかなり長くなります。聞いた通り書けばいいと思われるかもしれませんが、人間の話というのは散逸しがちですし、つじつまが合わないこともよくあります。ストーリーを整理し、わかりにくいところは解消し、「人に読まれるコンテンツ」にするのは、時間も手間もかかることです。やはり書くことを主業にしている人間がまとめたほうがいいようです。かつ話し手の思いも反映させなくてはならず、なかなかハードな業務となります。ある程度の報酬とゆとりあるスケジュールを提示されないと請けたくない仕事のひとつです。

あなたが「書ける人」と周囲に認識されれば、いろいろな仕事がやってくるはずです。

ライターの仕事は"書く"だけではない

▼発注者との新しい「関係づくり」

次々ページに、筆者や筆者のまわりのライターが何をしているかを図にしてみました。もちろん「書くこと」がライターにとって仕事の中心ですが、そこに至るまで、そのまわりにはいろいろやることがあります。

まず必要なのは**「仕事を発注してくれる人と新しく関係をつくること」**です。わかりやすく言えば**「営業」**です。「営業」というワードに苦手意識がある人も多いでしょうが、無理やりセールスすることとはまったく違います。**「営業＝関係づくり」**と理解ください。

まず、直接的な「営業＝関係づくり」として、仕事をもらえる可能性の高いメディアの編集者、またはメディアを運営するクライアントとの関係づくりを試みることです。また、メディアの編集者が、外部の編集プロダクションに案件を依頼することもよくあります。ウェブメディアによくあるのが、運営者であるクライアントが広告代理店にメディアの運営を丸投げすることです。

そうすると、編プロや広告代理店からライターとしての仕事が発注されることも少なくありません。その仕事のほとんどは、クライアントへの送客を目的とした広告的なライティングの依頼となります。この場合、取引相手は編集者というより、「（ウェブ）ディレクター」となります。編集者とのやり取りとやることは同じです。

▼アウトソーシング案件検索と情報発信

もうひとつは、アウトソーシングを行なうプラットフォームに登録して、案件を探す方法です。これから活動をはじめようという人には、こちらのほうが入りやすいルート

ライターの仕事俯瞰図

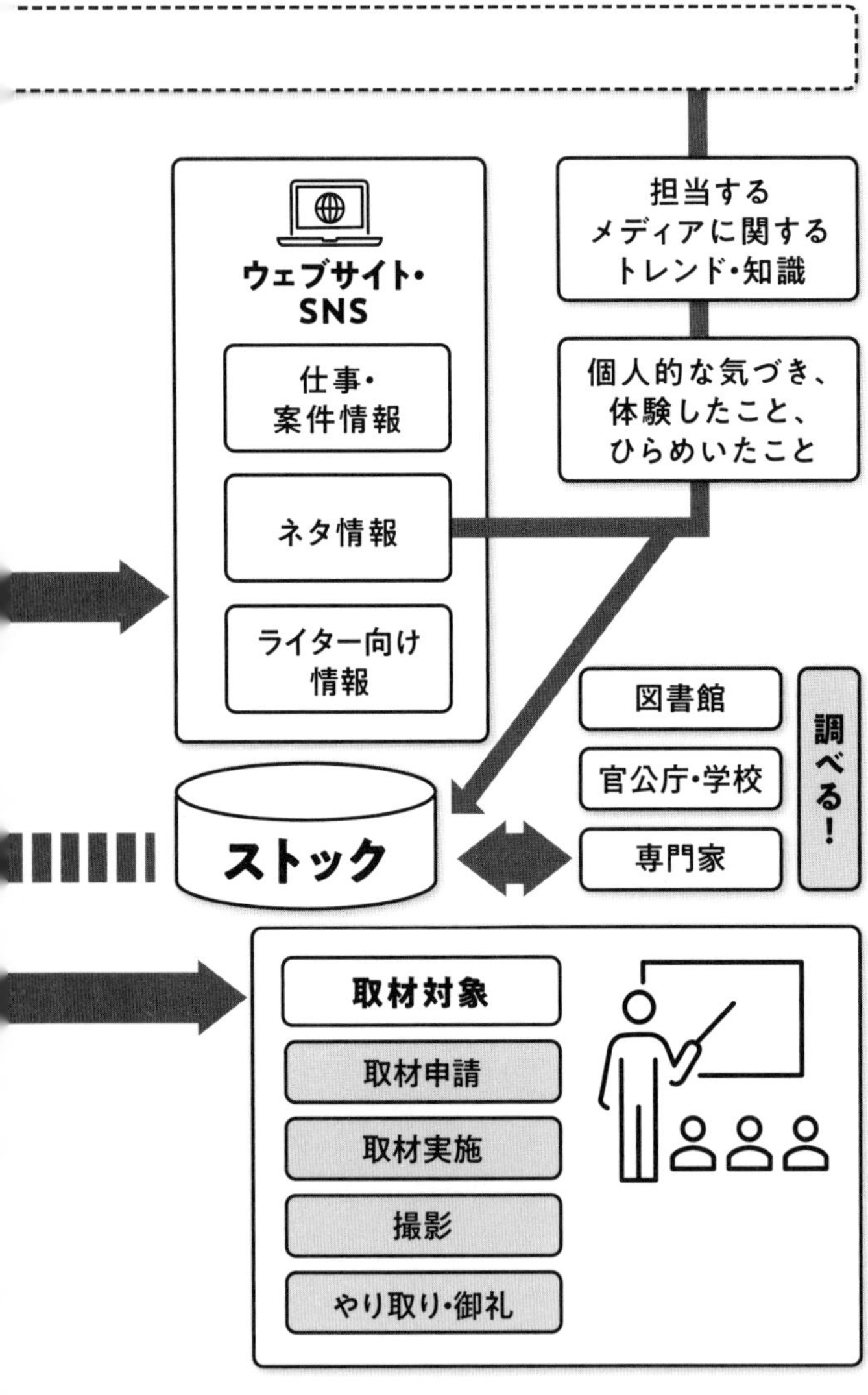
ウェブサイト・
SNS
仕事・
案件情報
ネタ情報
ライター向け
情報
担当する
メディアに関する
トレンド・知識
個人的な気づき、
体験したこと、
ひらめいたこと
ストック
図書館
官公庁・学校
専門家
調べる！
取材対象
取材申請
取材実施
撮影
やり取り・御礼

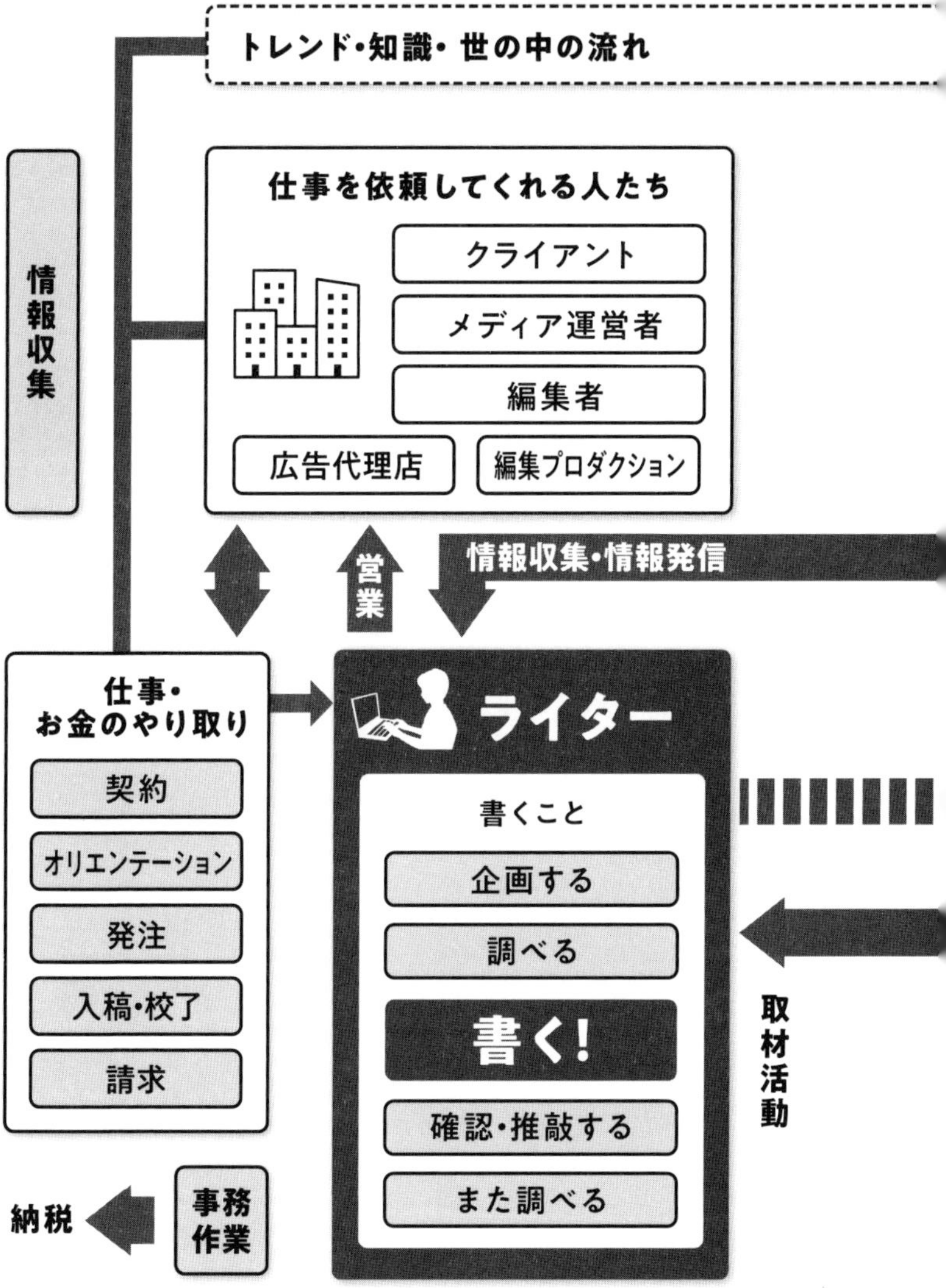
トレンド・知識・世の中の流れ
情報収集
仕事を依頼してくれる人たち
クライアント
メディア運営者
編集者
広告代理店
編集プロダクション
営業
情報収集・情報発信
仕事・
お金のやり取り
契約
オリエンテーション
発注
入稿・校了
請求
ライター
書くこと
企画する
調べる
書く！
確認・推敲する
また調べる
取材活動
納税
事務
作業

と思われます。これもあとで説明します。

ＳＮＳも含むウェブサイトでは、プラットフォームの案件を探すだけでなく、**「自分は何を書きたい」「自分はこんなことを書いています」**などの情報発信を行なう場として、「関係づくり」を進めましょう。今の時代は、「仕事はウェブ・ＳＮＳからやってくる」からです。

▼契約や事務仕事も大切な仕事

自分ができそうな、あるいはぜひやりたい案件にたどり着いたら、初めての取引時には、そこから**「契約」の事務手続き**があります。これは、大手アウトソーシングのプラットフォームであれば設定は容易でしょう。そうでない場合は、業務委託契約書へのサインやマイナンバーの提出などいろいろな手続きがあります。

これらの手続きは、会社勤務の経験があればほとんど問題にならないでしょうが、人によっては面倒くさいなあと感じるでしょう。しかし、この辺の手続きも大切なことなので、きちんと受け止めて、丁寧に対処する事務処理能力が必要です。

総合力が必要とは、そういうことも指しているのです。「事務手続きなんてしたくない」という人は、創作者としての作家の世界に進んだほうがいいかもしれません（もちろん作家の世界にも事務手続きはあります）。

そして契約とほぼ同時に**「オリエンテーション」（オリエン）**があります。これは前述のように、メディアの世界観やレギュレーションを教えてもらうことです。初めてのときはもちろんですが、業務の中でも、随所で必要になることですので、丁寧に教えてもらい、理解しましょう。つまり理解力が必要なのです。逆に、オリエンをきちんとやってくれないところは心配な相手とも言えます。

▼いよいよ仕事を受注して納品——そして事務作業と納税

そのあと、ライターへの**「発注手続き」**が行なわれます（ライターにとっては「受注」）。プラットフォーム経由だと、当事者同士のやり取りで成立します。

ふつうは「正式にあなたに〇〇の仕事を〇〇円でお願いします」という書類である

「発注書」が送られてくるはずです（現在はほとんどPDFファイル）。これには「受け取りました」「了解です」という返事をすればいいのです。

そこから原稿を書いて入稿し、納品が完了すればOKです。アウトソーシングのプラットフォームの場合は、自動的に振込手続きが進みますが、**クライアントやメディアと直接やり取りした場合には請求書を送らなくてはなりません。**

これらに関して「事務作業」が発生します。これからはじめる人はあまり気にしなくていいですし、副業で小規模にやっているときも（例えば年間副業所得が20万円以下）気にしなくてもいいのですが、そのうち領収書を保管するなど、納税に備える必要が出てきます。

これは「書くこと」とはほとんど関係なくなってくるのですが、お金をやり取りした場合は避けて通れないことです。納税するほどお金がもらえれば素敵なことですし、「納税することによって社会貢献するんだ」と割り切りましょう。

「書くこと」に行き着くまで、そのまわりにやることがいろいろあることがわかっていただけでしょうか。書くだけでなく、総合力が必要だということのはこういうことです。でも、「こんなにたくさんやることがあるのか……」と嫌にならないでください。このうちの多くは、ふつうに会社で働いた経験があればやったことがあることですから。

▼企画する・調べる・そして推敲する

いよいよライターの仕事「書く」に入ります。しかしその前に、編集者やクライアントからオリエンを受けてテーマを決められます。そこからどんな記事にするか「企画する」ことも大切な仕事です。つまり**総合力の中には「企画力」も入る**のです。

そして関係する資料を「調べる」仕事が入ります。書いたあとで、内容を見直します。**文章としておかしくないか、何度も手を入れる「推敲」**（すいこう）が必要です。

その結果、「ちょっと変だな」「ここはもっと調べないといけない」と思ったら、その部分をネットで調べます。取材相手にメールや電話で確認することもあります。この辺は才能よりも〝丁寧さ〟が求められます。いい加減な内容を書くとメディア全体に迷惑をかけますし、あなたの評価が下がってしまいますので気をつけましょう。

▼カレーのように一晩寝かせてみる

なお、筆者を含めて筆者のまわりのライターは、決められた締め切りより早く仕上げて、「一晩寝かせておく」ということをしている人が多いです。家でつくるカレーのようですが、一晩おいて次の朝見直すと、なぜかいろいろ変えたいところが出てきて、よりよい原稿が入稿できるというものです。

これはまったく筆者の主観であり、科学的な根拠はないかもしれませんが、そもそも文章を書くということは、とても脳のエネルギーを使う作業だと思います。なので、書き上げた時点で、「もういい。もう直したりしたくないよ！」と脳がむりやり休憩を命じるのではないでしょうか。本当はまだ見直すべきところがあるはずなのに、きっと脳が休みたいのです。

そしていったん休ませると、朝、回復した脳が元気に働き出し、修正点やおかしなところを見つける気力が湧いてくるのではないかと思っています。「一晩寝かせておく」のがいいことなのかどうか、正解はわかりませんが、どちらにしても、適度に休息を入れて書くほうがいいでしょうね。

▼普段から「仮説」を立てるクセが有効

企画するため、書くために、仕事を依頼されてから調べる前に、**普段から社会の流れやトレンドなどをある程度知っておく**と、書く内容に深みが出ます。「ライターの仕事俯瞰図」（100～101ページ）の一番上の部分です。

もちろんすべてに詳しくなる必要はなく、「法改正があるんだ。何が変わるのだろう」「電気代やガス代が上がるのね。みんなはどう感じて、どう対処するんだろう」程度でいいと思います。

「仮説立案力」と言いましょうか。常にアンテナを立てておき、何か面白そうな情報に触れたら、仮説を立てるクセをつけることが大切です。これは総合力の中でかなり大きなウエイトを占めるものです。**ライターとして「面白い切り口をつくり出せる」と認められることは大きなプラス**です。

そのために、普段の生活の中で、「仮説を立てる」「面白い切り口を考える」クセをつけておき、思いついたことをストックしておくといいと思います。今はスマートフォンという絶好のメモツールがあります。散歩の途中で見つけたもの、感じたことなどをメモに残し、そのままストックしておいてあとでゆっくり調べ直します。

筆者はGoogleドキュメントに何でもメモしています。もっと便利なメモアプリもいろいろあるので、好きなツールを使えばいいと思います。ここでは、**「キーワードで管理できるようにしておくこと」**が必須です。大量に溜まると探すのが大変だからです。もちろん実体験だけでなく、ネットやSNSで見つけたこともストックしておくといいでしょう。

▼取材にはさまざまな手順がある

取材をするときには、イベントや人に向けて、「取材したいのですが、よろしいでしょうか?」という「取材申請」を行ないます。具体的なやり方はこのあと述べますが、**「こちらのことをまったく知らない相手に用事を申し込むこと」**なので、営業活動とよく似ている気がします。

筆者は最初の頃、緊張しながら相手に連絡していました。会社員時代の営業経験が役に立ったと言いたいところですが、本来、人見知りなので（取材を断られたらどうしよう）とばかり考えていたのです。しかし、営業と根本的に違うのは**「モノを買ってもらうわけではない」**ということです。メールを丁寧に書き、趣旨をきっちり述べると、断られることも少なくなりました。

「取材」と言うと、有名人や著名な会社なども受けてくれることが多くありますので、自分の行動範囲が広がるようで今では楽しいと感じるようになりました（それでもやはり断られることはあります。それは仕方がないことです）。大切なのは取材申請、つまり「取材申請書（取材趣意書）とメールでの申し込み方」です。これについての具体的な手順と事例は後ほど説明しましょう。

▼書くことに取りかかろう

取材を終えたら、いよいよ原稿を書くことに取りかかります。

筆者の場合、イベントやセミナーの記事原稿については、報道目的の場合はスピードを重視して、相手に内容確認を行なわず、取材して得た情報を書いてすぐ入稿、公開します。広告目的のときは当然、内容の確認を行ないます。

また、人にインタビューして原稿を書いた場合は、これは報道目的の場合でも、情報誤認がないように、基本的に相手に確認してもらいます。つまり、書いて入稿する前に、もうひとつ「確認」という手順が必要になります。

取材を要する記事の作成には、このように手間も時間もかかるので、ある程度の報酬をいただかないと割に合いません。そこはキャリアが短い・長いに関係なく主張すべきことです。ここで「報酬」の話が出ました。いよいよ次はその報酬の話をさせていただきたいと思います。

ライターの報酬はどう決まる？どのくらい稼げる？

▼「書く仕事」の内容によって違う報酬

「ライターの報酬はいくらぐらい？」とよく聞かれますが、前述のように「書く仕事」はたくさんあり、また働き方も会社員としてライターの仕事をする人からフリーランスとして専業で行なう人、副業でウェブライターをやる人、さまざまです。

例えば「求人ボックス 給料ナビ」（2023年5月8日）では、**ライターの正社員としての年収は449万円**としています。これはふつうの正社員としての給与ですから、こんなものかなというイメージです。出版社には編集者はいても、ライターはまずいません。前章で紹介した編プロや広告代理店、通信販売の会社にいることが多いです。

また、「Carer First」（2023年2月8日）では、**フリーランスライターの平均年収は200万〜300万円**としています。フリーランスのライターの収入はこのくらいだと思います。もちろん平均ですから、筆者のまわりにはもっと稼ぐ、年収1000万円に達する人もいます。

どうしてそのような違いが出てくるのでしょうか？　前章で、大まかに次のように「書く仕事」を分けてみました。それぞれについて、筆者が業界での相場をもとに目安を述べます。

①資料を調べて記事を書く仕事（ウェブライターに多いパターン）

■一般的な記事1本（2000文字程度）につき5000〜3万円程度

・文字数だと、1文字数円程度のこともあり

・熟練度によって金額が変動

・報酬の幅があるが、美容、グルメ、インテリアなど、クライアントからの直接依

頼の場合、1万〜5万円などもあり

②イベントを中心に取材して記事を書く仕事

■一般的な記事と写真数点（プロレベルでなくても可）3万〜7万円程度

・イベント、セミナー、記者発表会などを取材、早めに執筆・入稿
・クライアントからの直接依頼や広告代理店など経由の場合、実入りがよくなる
・写真はほぼマスト。スピード優先の記事ではスマートフォンの撮影でもOKの場合もある
・分量は3000〜5000文字と多めになることが多い

③人を中心に取材して記事を書く仕事

■一般的な記事と写真数点（プロレベルでなくても可）5万〜10万円程度

・準備の上、指定された人を取材、じっくり記事にまとめる
・時間と手間がかかるので、ある程度の報酬をいただきたい
・クライアントからの直接依頼や広告代理店など経由の場合、実入りがよくなる
・写真はほぼマスト、スマートフォンでもOKの場合も多い

・分量は3000~5000文字と多めになることが多い
・内容の確認などに時間が取られる

④自分の専門性を生かして、①②③それぞれで記事を書く仕事

■それぞれ、どの案件においても20~30%報酬がアップ。広告案件の場合さらにアップし、1本10万円も可能

筆者の体感で相場を述べていますので、多少の差はご容赦ください。専業、副業など形態により違う場合もあります（本当はおかしいのですが）。また、1章で述べたその他の「書く仕事」についても、自分が知る範囲で推測してみます。

▼その他の「書く仕事」では報酬はどうなる？

まず、書籍に関わる仕事です。大きく分けると内容をすべて自分で書き上げる「**著者**」。著名人などに取材して1冊の本（書籍）にまとめる「**ブックライター**」。

「作家」は千差万別ですので省きますが、「著者」を参考にしてください。「漫画家」も千差万別ですし、「書く仕事」ではなく「描く仕事」ですので省きますが、その原作を書く「原作者」の収入を推測してみます。

【著者の収入】

・書籍は1冊あたり約200ページ、文字数にすれば10万字程度
・印税収入が基本です。6～12%の幅で、人気などによって決められる
・本の価格にこのパーセンテージをかけ、最初3000部を印刷・製本して出版が決まるとすると（初版と言う）、次のような計算式となる
（例）本の価格1500円×8%×3000部＝36万円
・その後の売上にかかわらず、初版についてはこの金額が保証されることが多い

うまくいって、その後売上が伸びたら、その売れた分についても、上記の計算式で印税が振り込まれます。

正直、約200ページ、文字数にすれば10万字程度を書く労力とこの金額が見合っ

ているかは微妙です。自分のブランディングなどに活用できることをメリットとして考える人が多いようです。

ところが近年、ここに「電子書籍」による収入が加わりました。「紙の書籍」とは別に契約が結ばれ、印税は12~15%と高めに設定されますが、「売れた分」だけの振込になるので、数千円、数万円となることがほとんどです。

しかし、それでも定期的に振り込まれますし、Ａｍａｚｏｎの読み放題サービスに登録されると、読まれたページ数を計算して印税が振り込まれます。これがチリも積もればけっこうな金額になります。筆者は３ヶ月ごとに電子書籍の印税、数万円を受け取りますので、例えば2万円受け取ったら「ランチ20日分いただいた」と喜んでいます。不労所得みたいでうれしいものです。

【ブックライターの収入】

前述のように、約２００ページに達する書籍の文章を書くのは大変で、時間もかかります。書籍の執筆というのはウェブライティングと違うところがあります（４章でまた説明します）。慣れた人でないとなかなか請けられません。

そこで、**忙しい有名人などの「著者」に代わって、書籍用に文章を書く**のが「ブックライター」です。ブックライターの報酬ですが、分量や難易度、スケジュールのきびしさなどを含めて**30万〜70万円**ぐらいの幅でしょうか。大手出版社は高くなる傾向があります。まとまった金額になるのですが、時間や手間を取られること、そして書く分量を考えると、割がいいかどうかは微妙です。

また、「黒子」なので、書籍がよく売れても、原則、印税が入ってくることはありません。ただ、企画への貢献度などを認められて、著者と印税を按分することもあります。

筆者の場合、**本の奥付（書籍の最後にある著者や関わった人の情報を記載したページ）に、「協力」として名前を出してもらったり、出版社のご厚意で、印税の一部をいただけるようにしてもらったり**したこともあります。

副業にはあまり向いていないと感じますが、もし何か専門的な知識を持っていれば、「書籍全体の監修」や、「一部分だけ執筆」などを依頼されることもあります。それらもちろん楽な仕事ではありませんが、副業には向いているのではないでしょうか。

【原作者（マンガ）の収入】

マンガを読むのが好きな人は、「原作者」の道を考えるのもひとつかもしれません。小説などの作家と違い、例えばビジネス系マンガやグルメマンガなど、業界や仕事の知識をマンガで伝えるようなジャンルのものがたくさんあります。筆者もいくつかＩＴに関するマンガの原作を書きました。つまりマンガのシナリオを書くわけですが、マンガにかなり詳しくないとむずかしく、「原案」を書いて、マンガ専門の構成作家を挟んでマンガ家に渡してもらうというほうがいいかもしれません。

報酬はそれこそ千差万別ですが、例えばマンガ雑誌に掲載されて、ページ３０００円の報酬を原作者として受け取るとします。マンガ1話分24ページとすると、連載１回分で７万２０００円。さらに、そのマンガが単行本となれば印税が入ってきます。ただし、そんなにうまくいく人は限られていますし、あまりこの試算を信用しないでください。

雑誌向けのマンガとは別に、「広告マンガの原作」という道もあります。今、ウェブサイトやパンフレットで、サービスや商品などの情報をマンガで伝えるということが流行っています。専門性を生かして、そういうマンガの原作を書く道もあります。広告ですから、予算は比較的に潤沢です。あくまで広告なので創作意欲は満たされませんが、クライアントの意図を理解してなるべく面白いものをつくるというのもプロの技術です。ただし、繰り返しになりますが、マンガの特性をよく理解していないとできません。

現在、スマートフォンなどで「タテ読み」のマンガが主流になろうとしています。これは独特の制作方法がとられますが、分業で従事することになるようです。そうすると**「ストーリー担当」**として、文章を執筆する人がいるはずです。収入はわかりませんが希少価値があるので、通常のウェブライターの仕事よりよくなる気がします。

ここまで一口にメディアと言っても、ウェブ、新聞、雑誌、書籍などいろいろな種類があることを述べてきました。次に、ライターとして知っておいたほうがいい、それぞれの特性をお話しします。

ウェブメディア、紙メディア、書籍、それぞれの特性を知る

▼メディアにはそれぞれの特性がある

現在、みなさんが日常的に触れている主なメディアはこんな感じでしょうか。

・ウェブメディア
・雑誌など定期刊行物（紙媒体）
・新聞（紙媒体）
・書籍
・テレビ・ラジオ

このうちの「テレビ・ラジオ」には、放送作家などの「書く仕事」がありますが、今回はそれをはずしたそれぞれのメディアの特性と、そこでライターが何を求められるのかを考えてみましょう。

▼ウェブメディアの特性とライターに求められるもの①　特性と評価のポイント

ウェブメディアがこれからのみなさんの主戦場です。簡単に特性を述べます。

・24時間ネットで読まれる
・すき間時間や移動中に読まれる可能性が高い
・検索や他者のおすすめがきっかけで読まれることが多い
・無料記事が多いので読者が合わないと感じればすぐ離脱される
・テキスト（文字）だけでなく、ビジュアル（写真など）が大きな要素を占める
・読者のいろいろなデータが取得できる

・読者を誘導して、メディアの運営者あるいは広告主が、何らかの目的を達成できる（コンバージョン）

ウェブメディアが紙媒体と一番違うのは、**「読者の数や滞在時間、行動などのデータがある程度取れる」**ということです。

クライアント、メディア編集者は、ＰＶ（ページビュー）に応じた広告費の獲得や、自社の目的達成（コンバージョン）のためにウェブメディアを運営します。もちろんメディアとしてこういう読者を獲得したいという純粋な思いを持つ運営者や編集者もたくさんいますが、基本的に経済活動です。

コンバージョンの例としては、**商品の購入**、**会員獲得**、**セミナー・イベントへの申し込み**、**資料送付（ダウンロード）など**です。

ライターには、「メディアの世界観やレギュレーションを理解し、守った上で、ターゲットとする読者に何らかの気づきや楽しみを与える記事を書く」ということが求められます。これはウェブメディアに限らず、すべてのメディアで求められることです。

ウェブメディアでは、先ほど述べたように、記事が何回読まれたかがデータで出ます。もちろん多く読まれると評価されます。それは、広告効果が高いということを示すからです（もちろんPVはひとつの指標で、これだけですべてが判断できるような簡単なものではありませんが、わかりやすい指標のひとつです）。野球におけるヒットの数みたいなもので、ウェブライターにとっては目指すべき指標のひとつになります。

PVが少ないと、編集者と「どうしたらもっとPVが上がるか」を検討することになります。特に大事になるタイトルは編集者が考えてつけ直すことも多いです。筆者は、「記事のタイトルを決定するのは編集者」だと思っています。

▼ウェブメディアの特性とライターに求められるもの②　工夫するポイント

特に注力すべきは、**「タイトル（見出し）」「書き出し部分」「キーワード」**です。

まず、「タイトル（見出し）」「書き出し部分」についてですが、ウェブメディアは、現在スマートフォンで読まれるのが主流です。おおむね読者はせっかちです。タイトルで読もうかやめようか判断するので、タイトルに工夫が必要になります。

次いで読み出したとき、「これは長そうだな」「なかなかめんどくさいな」と判断されたら、読者は読むのをやめます。「離脱する」と言われます。なので「書き出し部分」を面白くする必要があります。

昔の文章教室では「起承転結」といって、順々に説明していって、最後に結論を書くというように言われたかもしれませんが、これではよほど文章がうまくないと、読者はみんな離脱してしまいます。ウェブメディアでは思い切って、「書き出し部分」で結論を書いてしまい、「それはどうしてなのか」と続けるほうが、読者を離脱させず、引きつけられることが多いです。むろん、そうしないほうがいいテーマもありますので絶対という方法ではありません。

ちなみに、**「直帰率」「滞在時間」**という指標もあります。「直帰率」とは読者がすぐ離脱してしまう比率で、「滞在時間」はどれだけその記事を読んでいたかというデータです。

・「直帰率が低い」＝読者がすぐ離脱しない記事
・「滞在時間が長い」＝読者にじっくり読まれる記事

つまり**「直帰率が低く、滞在時間が長い記事」**が高く評価されます。

さらに、「キーワード」。編集者から「このキーワードをなるべく盛り込んで」と指示されますが、検索されやすい（ような）文章をつくるためで、ライターも「検索されやすい文章」を書くことを意識すべきです。

はっきり言えば**〝Google対策〟**です。専門的には「SEOライティング」と言われますが、これからライターをはじめる人は、メディアの編集者やウェブマスターからの指示に従ってください。ただ、ライター側にもできることはあるので、5章でそのやり方を話します。興味のある人は専門的に勉強してもいいかもしれません。

筆者は長くライティングに関わってきた者として、「いい記事」の評価が（ある程度）数値化されるようになったことは驚きでしかありません。正直、「記事の善し悪しを数字で判断する」というのは、少し馴染めないと感じるときもあります。数字さえよければ何でもよいのか、と思うからです。しかし、再三言っているようにこのライティングは「経済活動」です。それに対応していかなくては「書く仕事」を続けられないと気持ちを引き締めています。

▼紙媒体の特性とライターに求められるもの

【雑誌など定期刊行物】

紙の媒体で言えば、「雑誌」はウェブメディアに近いところがあります。読まれるだけでなく、読者の行動を喚起しようという特徴が似ています。

一番の違いは、「印刷物なので、一度発行されたら修正ができない」というところです。内容に間違いがあったとわかったとき、ウェブメディアでは修正が可能です。しかし、紙媒体の場合は、最悪回収するしか方法がありません。ゆえに、**校正・校閲は慎重に行ないます**（ウェブメディアは、そこまでしっかり校閲していないところが多いように見受けられます）。

ただし、**情報の鮮度を守るため、スピードも大切になりますから、締め切りの**

期間が短いことがふつうです。よって雑誌に関わる人はスケジュールが「押し押し」になってしまい、深夜まで働くことが多くなります。

新聞もそうですが、紙媒体での仕事を経験すると、締め切りやスピードの速さ、校正・校閲のきびしさなど、ライターとして鍛えられることは間違いありません。

【新聞】

さらに校正・校閲がきびしいのが新聞です。逆に言えば「新聞で書いたことがある」「定期的に書いている」というライターは敬意を払われるはずです。やはり世間的には、新聞というメディアの信頼感は高いからです。

しかし、**そう簡単に新聞の仕事は得られません**。書き手としてのクオリティや「旬の人かどうか」をきびしく見られます。少しずつライターとしてのステータスを上げていって声がかかるのを目標にしましょう。

新聞も雑誌も、メディアとしてはウェブメディアに押されており、きびしい経営環境にありますが、そこで仕事を得られれば、ライターとして鍛えられることは間違いありません。

【書籍】

広く流通し、長期間販売されるパッケージメディアです。書籍を出版する出版社、編集者により考えは違うでしょうが、中心にあるのは、もちろん経済活動です。ただし、編集者とともにつくる「作品」ですので、**「長期的に販売しよう」「世の中にメッセージを届けよう」という戦略や思いが込められた「作品」**となるイメージです。

内容も、「自分の意見」が多くを占めることになりますので、ライターとしてではなく、「著者」か「ブックライター」として関わることになります。あるいは一部分お手伝いするという立ち位置になるでしょう。

しかし、何か専門的な分野がある人は、むしろビジネスキャリアのために「著者」を目指すのもいいかもしれません。それはまた詳しく6章でお話ししましょう。今の時点では、「そんなこともあるのだな」と思っていてください。

報道記事と広告記事の違いを知る

▼お金が介在するかどうかで変わる

みなさんがライターとして書くことになるのは、基本的に「報道」か「広告」の記事になるはずです。

単純に言ってしまえば、「報道記事」は情報の発信元からお金をいただかないで書く記事で、「広告記事」は情報の発信元からお金をいただく記事です。

まず基本的な報道記事の場合です。**メディアから依頼されて記事を書く場合、基本的には情報の発信元に（「話を聞きたい」と、こちらから人・団体・会社などを**

探し）取材します。それをもとに、メディアとしての見解を含めて記事を公開します。

ここでは情報の発信元からお金はいただきません。メディアはウェブでも紙でも同じです。取材を行なわず、**情報の発信元から報道発表されたプレスリリースをもとに、メディアとしての見解を含めて記事にする場合**もよくあります。もちろんここでも発信元からお金はいただきません。

ただし、発信元の広報担当といい関係をつくり、面白い、記事になりそうな情報を提供してもらうことはあります。この場合でもお金はいただかないので、広告ではありませんが、メディア独自の切り口を大切にして書かないと、読者から「これは広告じゃん」と思われて、メディアの信頼性をなくすことになりかねません。メディアの世界観やレギュレーションを大切にしなくてはなりません。

逆に、「これはけっこう大変な取材だな」とか「話を聞くのがむずかしい相手だな」とメディアが判断して、取材協力費を出してくれることもあります（あまりありませんが）。出張を伴うときは交通費や宿泊費を出してもらうことになります。

次いで基本的な広告記事です。**クライアントから依頼されて、クライアントの運**

営する媒体、または広告出稿したい媒体（ウェブメディアが多い）向けに記事を書くことです。ここではクライアントからお金をいただきます。間に広告代理店が介在していることも多いです。広告記事は、クライアントの意向に沿って、最大の広告効果が現われるように記事を書きます。メディアなどで小さく「ＰＲ」と書いてあるのはこのパターンです。

整理すると、ライターは、報道記事ではメディア側のメンバーとして最適な記事を書くようにすること。広告記事ではメディアの世界観やレギュレーションを守りながら、クライアントの意図を反映するように書くようにすること、という理解でいいと思います。

なお、身もふたもないことを言いますと、報道記事の報酬より広告記事の報酬のほうが高いことがほとんどです。ただし、広告記事を書くのにはクライアントからの注文に応えなくてはなりませんので、やりがいについては人それぞれでしょう。

3章

ライターをはじめる前にこれだけは知っておいたほうがいいこと

信頼を得ているライターの秘密

▼まず「相手の立場で考えることができる」

「『仕事が来る人』とはこんな人」（59ページ）のところで、次のように列挙しました。よく考えるとライターにとどまらず、ビジネスパーソンすべてに関わることかもしれません。おさらいしましょう。

①締め切りを守る人
②自己管理ができる人
③精神的に安定している人

④コミュニケーション力がある人
⑤スピード感がある人
⑥得意分野がある人
⑦相手（特に編集者・担当者）の立場で考えられる人

これらを満たす人は、編集者、メディア、広告代理店、クライアントからしっかり信頼を得られる人だと思います。

営業からビジネスキャリアをはじめた筆者が、特に自身のキャリアが役に立ったと感じるのは、⑦の「相手（特に編集者・担当者）の立場で考えられる人」という部分です。「編集者」のところを「顧客」と言い換えてみてください。「顧客の立場で考えられる人」は信頼され、長く発注を受けます。

営業担当は、顧客の立場に立って考えないと務まらないのです。こちらの都合を押しつけるセールスではなく、**「顧客は何に困っているのだろう。それを解決する方法は何だろう」と想像し、提案する力がないと、長い取引関係は維持できません。**

編集者、メディア運営者、クライアント、みんな経済活動で動いています。そして、「社会や組織の中で評価されたい」と願っているはずです。その中で「仕事のスケジュールをスムーズに進めたい」と思わない人はいないでしょう。誰でもスケジュールが狂って冷や冷やしたり、苦しんだりした経験を持っているはずです。そんな中でライターからきちんとスケジュール通りに原稿が送られてくる、つまり「締め切りを守るライター」はとても好ましいでしょう。

締め切りを守らない人はまず外されます。これは当たり前のことです。もちろん病気など、しかたのないことも起こりますが、それも含めて健康管理をきちんとすることが大事になります。

▼精神的に安定していて何事にもリアクションが早いこと

③についてですが、編集者はやり取りの中でライターに向けて、ちょっと無理なことを言わなければならないときがあります。言う編集者もとてもつらいはずです。それを聞くライターは、もちろん何でもかんでも無理なことを聞く必要はありませんが、

怒ったりせず、冷静に対応することは信頼につながります。 つまり精神的に安定していることが評価されるのです。

もうひとつ大事なのが、⑤「スピード感がある人」です。メールの返信はすぐ行なうべきです。少なくとも **「3時間以内に何らかのリアクション」** をすると、問い合わせた編集者やクライアントは安心します。手いっぱいのときもあるでしょう。そんなときは「確かにメールいただきました。後ほど○時頃に返信します」（次の日でもいいですが、何日も空けるのは感心しません）でいいのです。

筆者の経験ではライターには事務的な手続きが苦手で、あとまわしにする人が少なくないようです。ところが、くどいようですが、ライターに関わる人はみんな経済活動で動いています。めんどくさそうな、細かい手続きもスピーディにこなすライターは重宝されます。

▼ムラなく「85点」の原稿を納品できること

そして肝心の「書く原稿」です。やはりその品質は大事です。いろいろ言いましたが、書いた文章は一定の品質を保っていてほしいものです。もちろん毎回完璧にとは言いません。しかし、「完璧な原稿ができるまで締め切りをもう少し待っていてください」と言うわけにはいきません。

前述のように速さも必要です。そのバランスを取りつつ、安定的に「85点」の原稿を納品するという意識でいいのではないでしょうか。

次から「85点」の原稿を作成するために、基本的にここだけは押さえておこうというライティングの知識をお話しします。

ここだけは押さえておきたい基本的ライティング（執筆）知識

▼依頼された条件を確認しよう

最初にお話ししたように、本書は「文章術」の本ではなく、どうやって「書く仕事」でお金をいただけるようになるかに絞った本です。とは言え、これからライターになりたい人に、筆者が「ここだけは必要」と思う部分を説明させていただきます。

まず、再三申し上げますが、「経済活動」の中で、チームの一員として書くという立ち位置を確認してください。そして、**「好きなことを書くのではなく、依頼してきた編集者、メディア運営者、クライアントが想定した読者に届くように書く」**ということを確認してください。確認というより、**心構え＝マインドセット**ですね。

そして、「編集者、メディア運営者、クライアントが提示する条件」を確認してください。これを理解していないと、そもそも仕事が成立しません。条件とは次のようなことです。

- **メディアまたは広告の世界観やレギュレーション**
- **原稿の体裁や分量、トーン＆マナー（トンマナ）**
- **納品形態**
- **締め切り時期**
- **絶対ＮＧなこと**
- **基本的な表記ルール**
- **原稿料**

けっこうありますね。大変そうに見えますが、このうちほとんどが最初のやり取りで済むことです。最初にきちんと確認しておかないと、何度もやり直すなど、もっと大変なことになります。

原稿の体裁や分量とは、**「タイトル」「小見出し」「書き出し」「本文」「まとめ」**などをどうするのか、また、**全体を何文字ぐらいに納めるのか**といったことの確認です。トーン&マナーは前にも出てきましたが、全体の表現について一貫性を持たせることで、だいたい編集者からは「～～みたいな感じ」と伝えられます。これは編集者により本当にまちまちです。

納品形態は、Ｗｏｒｄにするのか、単なるテキスト（「平打ち」「ベタ打ち」とも言われる）にするのか、Ｇｏｏｇｌｅドキュメントでよいのか、この確認です。ちなみに**Ｗｏｒｄやｇｏｏｇｌｅドキュメントは文字数がカウントできる**ので、筆者とまわりのライターはこのどちらかです。**締め切りは当然確認しましょう。**

絶対ＮＧなこととは、社会通念上ダメなことももちろんですが、クライアントによって**独自のＮＧ表現**があったりします。例えば、鉄道会社の仕事をしたときは、「脱線とか事故という言葉は絶対使ってはダメ」と言われました。「話が脱線しましたが」みたいな使い方も当然ダメでした。また金融、不動産、医療関連ではそれぞれきびしい決まり事があります。化粧品、健康食品の業界なども同様です（薬機法という法的な縛りもある）。それぞれ経験して確認していくしかないでしょう。ですから、業界経験があり、専門的な経験を持った人がとても重宝されます。

基本的な表記ルールというものもあります。例えば、**「英数字は全角か半角か」「金額や時刻はどう書くのか」など**ですが、近ごろは決めていないメディアもあるようです。筆者は特に指示がない場合は、『記者ハンドブック　新聞用字用語集』（共同通信社）をベースにした校正ソフトで表記を整えています。依頼者に「御社の基本的な表記ルールはありますか？」と聞いてみるといいでしょう。

▼条件を確認したら書く前にやること①　切り口とラフな構成を考える

ここからは、「書く前にやること」です。本来、ここは人それぞれで、やりやすい方法でいいと思いますが、筆者の典型的なパターンをお伝えしますので、自分でアレンジしていただければと思います。

テーマを受け取ったら、すぐ書き出すのではなく、まず「切り口」を考えます。**「読者にどう届けて、どう響かせるか」**という切り口です。具体的に言えば、「へえ〜」と思ってくれるような内容です。それで、読者が楽しく息抜きをできればよいし、「よしやってみよう」などと行動喚起できれば理想的です。

例えば、「最近のお年玉事情」というテーマを与えられたとします。すぐに思い浮かぶのは「いくらぐらいもらっているんだろう」ということですが、読者層が若者なのか、主婦なのか、シニアなのか、それによって切り口は違うでしょう。

・金額は？
・使い道は？
・昭和・平成・令和での違いは？
・そもそも歴史的には？　いつからこの習慣がはじまった？
・海外ではどうなの？
・地方によって風習や金額が違っているの？

・お年玉をテーマにした文学作品や映画はあるの？

などと、さまざまな切り口が思いつくはずです。

この切り口の面白さ、鋭さがライターの重要なスキルになります。これは資質もありますが、**日常的に「何にでも好奇心を持ち、仮説を立て、思いついたことをメモしておく」という習慣**をつけることで十分スキルが高まります。

町を歩いているときでも、通勤途中でも、遊びに行ったときでも、ネットニュースを読んだときでも、テレビで情報番組やニュースを見ている間でも、「あ、面白い」と思ったことをスマートフォンでメモしておけばいいのです。

そうして貯めておいた気づきやネタがいつか切り口に役立つはずです。自力で切り口が見つからない場合は（筆者もよくあります）、友達に協力してもらったり、SNSで意見を聞いたりしてきっかけを探します。何だか大変そうですが、書く前の一番大事な部分です。楽しんでやることが大事だと思っています。

ちなみに筆者は、Googleドキュメントと「Pocket」（ネット記事を保存しておけるもの）というアプリを使っています。

▼条件を確認したら書く前にやること②調べる

次に「調べる」です。ライターの仕事は「調べる仕事」と言っても言いすぎではありません。与えられたテーマについて「切り口」を考えたら、関連する情報を調べます。

例えば「最近のお年玉事情」について、「地方によって風習や金額が違っているの？」という切り口を考えたとします。そうしたら、**資料データやトレンドを調べるために、プレスリリースや官公庁（自治体なども含みます）の資料をネットで調べます。**

なぜかというと、この2つの資料は「引用しても問題になりにくい」素材だからです。

プレスリリースはそもそも記事にしてほしくて出されているものですし（それでも使用条件をきびしく制限しているものもあります）、官公庁の統計資料は国民が自由に参照できるものです。

ただし、両方とも出典（「この資料のこの部分を引用しました」という説明）をきちんと書かなくてはなりません。

これ以外にも、「引用のルール」（後述）さえ守れば、プレスリリースや官公庁資料以外からでも引用して構いません。ただし、何ページにもわたって文章を書き写すというのは「転載」と言って禁止されています。この「引用」と「転載」の違いについては理解が必要ですので、後ほど説明します。

ただし、「どんな資料でも」引用できると言いましたが、**怪しげな個人や企業のデータはやめましょう。**企業・団体のデータを引用するときには、その会社概要や沿革などを調べることで、信用できそうだと確信してから使うようにすべきです。これらはメディアの編集者などに確認を取るといいでしょう。

▼条件を確認したら書く前にやること③ 1行書いてみる

「切り口」も決まり、いろいろな資料を読んでみて、「こんな記事を書いたら面白いんじゃないか」というコンセプトが決まったら、まず1行書いてみましょう。

例えば、「近ごろ〇〇県の子どもたちのお年玉がどんどん増えているのはなぜ? それは〇〇が原因だった」というふうです。

書いてみて「違うな」「面白くない」などと自問自答しながら書き換えていきます。この1行がこれから書く記事の「背骨としての文脈」になるのです。最初の1行ができたら、あとは書き進めるだけで、この1行を見つけるのが一番大変です。

ライター初心者は、もし可能ならばですが、編集者に「いただいたテーマでこういう文脈の記事を書いてみたいと思いますが、どうでしょうか？」と聞いてみるといいと思います。編集者によっては、テーマと一緒にその文脈を指導してくれるでしょう。

また、1行書くのは別の意味もあります。パソコンの前で考えていても、なかなか手が進まないものです。最初の1行を書くのが、一番大変だったりするのです。1行書くまでにマンガを読んだり、ラーメンを食べたり。でも、1行書けたなら、執筆作業がぐっと進むはずです。

▼しっかり構成を考える

さて、ここからいよいよ書く段階に入ります。大きな文脈は決まったはずです。それを次のような順番で構成します。

・書き出し

例）近ごろこんなことがあるようです。ちょっと驚きですが、本当なのか調べてみました。

・本文①背景、根拠など

例）調べてみると○○の資料からこんなことがわかりました。また□□の資料ではそれを裏付ける調査データが見つかりました。

・本文②一番言いたいこと

例）やはり「（一番言いたいこと）」は本当のようです。

・本文③言いたいことを補足する内容、エピソード

例）ただし、こういう意見もあります（△△より）。また、こういう見方もあるようです（▲▲）。
※両論併記といって、事実から導かれた意見について、別の意見も併記することです。ライターが調べた事実に基づいて書いたものであっても、それが100%正しいとは言い切れず、いろいろな見方を示すことによって、記事の信頼性を高めます。

・締め

例）今回述べたように、「（一番言いたいこと）」が事実だとすれば、それはこういう傾向を示すものだと感じるので、生活者としては歓迎ですね。
※基本的に事実に基づいて書きますが、ライターが切り口に基づいた意見を少し述べてもいいと思います。そのほかちょっとしたオチでもいいでしょう。

・まとめ

例）今回は「（一番言いたいこと）」についてこういうことを述べました（簡潔に）。
※媒体（特にウェブメディアに多い）によって、読者に整理・理解してもらうために、記事の最後に「まとめ」をつけるところがあります。つけるとしたら、この記

事で何を言いたかったのかを数行で完結に述べます。

▼わかりやすい文章を書くポイント

そして肝心の「原稿」です。やはりその品質は大事です。ここまで文章を書くことについてはほとんど触れてきませんでした。なぜなら、読者のみなさんが義務教育で受けてきたことで基本的に十分だからです。専門の教育を受けないまま30年やってこられた筆者がいい例です。どうぞ自由に書いてください。メディアの編集者が変なところは直してくれます。

ただし、あえて言うなら次のことに気をつけてください。

・中学生でもわかるように書くこと

会社の中で報告書を書くのではありません。広い範囲の定められたターゲットに向けて記事を書くのです。具体的に言うと、中学生が読んでも理解できるように書くのがポイントです。これは次のポイントに関わります。

・専門用語、カタカナ用語などには説明をつけること

広い範囲の読者に理解してもらうためには、専門用語を使うのは避けましょう。また、ある業界だけで流行っているような先進的なキーワードも避けましょう。それらを使わざるを得ないときには、説明をつけましょう。例えば次のような〝もうふつうに使われている〟と思えるような横文字略語も、ひと言加えると読みやすくなります。

例）ＡＩを活用した技術　↓　ＡＩ（人工知能）を活用した技術

例）金融包摂がこれからのキーワードです　↓　金融包摂（きんゆうほうせつ：必要な金融サービスをすべての人が受けられるようにすること）がこれからのキーワードです。

・主語を明確にすること

書きはじめたばかりの人の原稿を見ると、「主語がない」、あるいは「主語が誰だかわからない」ということがよくあります。読んでみると**「誰が？」「何が？」**というところで突っかかってしまうことが多いのです。ちょっと極端な例ですが、このような感じです。

例）平均年収は500万円のようです　↓　（え、誰の？）　↓　このアンケートに答えた30代のビジネスパーソンの平均年収は500万円のようです

例）美しい水車小屋の娘　↓　（これだと水車小屋が美しいのか、娘が美しいのかわかりません……）　↓　水車小屋で出会った美しい娘

・話すように書いてみること

これは、「なかなか書けない」という人に向けてつけ加えたいポイントです。論文を書くのではありません。読者に気づきを与えたり、少しの時間楽しんでもらったりするために書くのです。

まず、友達や知り合いに話すように書きはじめてみてはどうでしょうか。「自分が考えた切り口はどう？　面白いかな？」という感じで話すように書いて、あとから文章を手直しするといいでしょう。後述しますが、実際にキーボードではなく、話して入力するという方法もあります。

▼書いたら推敲する

書き上げた文章を見直し、おかしなところを修正し、表現の仕方などをブラッシュアップしていくのが最後の推敲です。「大きな推敲」と「細かい推敲」があります。

「大きな推敲」としては、読者として全体を通して読んでみてチェックする部分です。主なポイントは次の通りです。

・「一番言いたいこと」がぶれていないか？

当たり前のことですが、ここがぶれていたり、曖昧だったりすると、読み手は混乱したり、モヤモヤしてしまいます。

・はじめに読者に告げたことをちゃんと回収しているか？

最初に「これを伝えます」と宣言しておきながら読み進めても何を伝えたいのかがわからなかったら、読者にガッカリ感を与えます。

・そもそも（編集者やクライアントに）依頼された要望に合致しているか？

たとえ「できがいい文章になったな」と自分で思っても、依頼された要望に合っていなければ、お金をいただくことはできません。ここまで来て残念ですが、書き直しものです。「ここまで書いたのに」と思われるかもしれませんが、それは最初に切り口を考えたり、書きはじめたときからズレてしまったのです。残念ですが、作文コンテストに出すわけではありません。依頼者からお金をいただくために書いているのですから、書きはじめにはもちろん、最後にも確認しましょう。

以上の3つはもっとも大切なところです。

次に**「細かい推敲」**です。**「誤字・脱字はないか」「ひとつの文章が長すぎないか」「句読点の位置は不自然ではないか」「NGな表現」（差別的な表現、クライアントが避けてほしい言葉などです）「表記がばらけていないか」（最初は「100万円」と書いていたのが、途中で「百万円」に変わるなどです）**という製品の品質チェックのように見つけたら直していきます。

これら「細かい推敲」には、テクノロジーの手を借りる方法もあります。これもあとでまとめて紹介します。

これで推敲が終わりました。でも筆者は前述のように、それが終わって一晩寝かせます。不思議なことに、翌朝何かが見つかります。それを修正して、ファイルを納品し、いったんはひと仕事終わりです。

ところが、そこからまた、「あー、失敗した」ということがままあります。筆者にもありましたので、次にお話しします。

失敗しがちなライティングとその対策

▼校正ミス・内容のダブリで涙

ライティングの失敗としては、まず誤字・脱字に代表される校正ミス。そして書いた内容のダブリがあります。

しかし、どちらも最初の読者である編集者が校正していればふつうは気がつきます。特に後者の内容のダブリ、つまり同じことを前半でも後半でも言っている場合など、気がついて当たり前です。ところが、近ごろ（特にウェブメディアでは）、ろくに校正しないで、そのまま公開しているメディアの話を聞いたことがあります。これでは校正ミスもダブリも起きます。

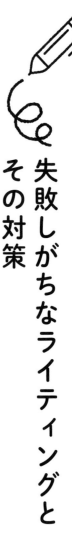

しかし、校正していても見逃しがちなのが**「見出し」のような大きな部分**。これをなぜか見逃しがちです。また**「注釈」**など、本文以外に記載した部分で見逃すことがあります。

そして、絶対に間違えてはいけないのが**「人名」**。同じく、地名や製品名などの固有名詞です。

しかし、気をつけようと思っていても起きるのが誤字・脱字です。**校正ソフト**というツールを使う方法がありますが、それでも見逃しはなくなりません。

筆者の会社では、基本的に紙に印刷して**「2人で読み合わせ」**します。これが今のところ一番ミスを減らしてくれます。

液晶画面は目に優しくないのです。液晶のモニター画面は「透過光」といって、目に光が直接飛び込んできます。それに比べて、印刷された紙面は、光があたってはね返る「反射光」です。紙で見たほうが間違いに気づきやすいと言われています（諸説あり）。ですから、特に大事な原稿は、いったん印刷して読むことをおすすめします。

文字校正については便利なツールがありますので、次項の「ライティングを助けるいろいろなツール（道具）」でご紹介します。便利なものは使わなければ損です。

▼ファイルの取り違え、先祖返りでトラブル

やっと原稿ができました。そのファイルに「作品1」という名前をつけて編集者に送ります。すると編集者から、「ここところを直してくれませんか？」と「作品1修正依頼」というファイルが返ってきました。そしたらライターは対応して「作品1修正済」という名前にしてファイルを送り返します。

これが何度も繰り返されることがあります。さらに、そのファイルを取材した人に送ったら、「ここを直してほしい」と「作品1―A」というファイルが返ってきたりします。こうしたやり取りを続けているうちに、「いったいどのファイルが最新版なのか？」ということがわからなくなってしまいます。

ひどいときは、何度も修正したファイルの上に、もとの「作品1」のデータを上書きしてしまい、「作品1完成版」として納品してしまうこともあります。これを**「先**

祖返り」と言います。まるでコントですが、今までやった努力が無になる上、正しいファイルの存在もわからなくなってしまいます。よって、**ファイルの名前付けにはちゃんとルールを決めておき、編集者とルールを共有しておかなくてはなりません。**

ちなみに筆者は「これで完成」というファイルには「★」をつけています。ところがそれでも「やっぱりここを直して」という顧客や編集者からの依頼が来てしまい「★★」とどんどん★マークが増えてインフレ状態になってしまうということになりました。これについては新たな策を考え中です……。

Googleドキュメントのようなクラウドサービスでは、「常に最新」の状態にあるので、あまり取り違えや先祖返りの心配はないはずです。

ちなみに、この取り違え・先祖返りが大きな問題になったことがあります。ある著名出版社が出した書籍の内容が間違いだらけだったことが発覚しました。「校正されていないのではないか」という話になったのですが、出版社が校正、校閲を依頼したプロダクションでは、ちゃんと校正はやっており、やり取りの証拠も残しているようでした。ゲラ（入稿した原稿をＰＤＦや紙に印刷したもの）に赤字を入れて修正したものを編集部に戻したらしいのです。

この出来事の詳細はわかりませんが、ファイルの先祖返りではないかと推測しました。つまり、校正済みのファイルを使わずに、その前の段階の未校正のファイルを間違って校了して、書籍化してしまったのではないかと思うのです。

当然、この書籍は全部回収となり大きな損害が出たと思われます。恐ろしいことです。これはニュースになるほどでしたが、実は氷山の一角かもしれません。

大きな出版社などでは分業制を取り、外部の専門会社が校正・校閲を行なうこともあるようですが、そうするといろいろなファイルが行ったり来たりするので、編集者はもちろん、ライターもファイルの管理には神経を使わなくてはなりません。

▼正式名称でトラブル

人の名前、固有名詞にも気をつけなくてはなりません。例えば「たかはし」でも「高橋」「髙橋」と「たか」の字が違うとか、「わたなべ」でも「渡辺」「渡邊」「渡邉」、「さいとう」なら「斉藤」「齊藤」「齋藤」など。気にしていないと間違えそうな名字があります。筆者は記事中に読み方がむずかしい名前があるときは、振り仮名をつけるようにしています。ですから相手に名刺をいただくのが一番いいのですが、リモート取材が多くなり、なかなかむずかしいところです。

会社名にも気を配るべきです。正式には「キューピー」ではなく「キユーピー」だったり、「キャノン」ではなく「キヤノン」、「新日鉄」ではなく「新日本製鐵」が正しく、しかも「新日本製鐵」は現在は「日本製鉄」になっています。なので、会社名や製品名など固有名詞を書くときは、その会社の**公式ホームページなどで確認します。**

外国やその国の政府機関の名前も要注意です。これは外務省のホームページで確認すべきです。政府機関名を間違った書籍が、その国の大使館経由で指摘を受けて回収になったという怖い事例もあります。

これらを間違えると、とんだクレームになります。広告記事ならもっと大クレームになります。「そんなこと、ふつう間違えないだろう」というような、大きなところで意外と誤字が見つかったりするのです。とはいえ、作業効率も上げたい。そこで便利なライティング用のツールもありますので次項で紹介します。

ライティングを助ける いろいろなツール（道具）

▼楽にしたい、ミスをなくしたいときに使いたい

ライティングを少しでも楽にしたい、また校正のミスをなくしたい。そんなとき助けになるツールがあります。有料のものもありますが、筆者がこれまで使ってきたもの、今も使っているものを列挙します。参考にしていただければ幸いです。

・単語登録ツール

これは**IME（Windows）、ATOK、Google日本語入力などの文字入力ソフトについている機能で、よく使う単語を登録**しておきます。筆者は、「経

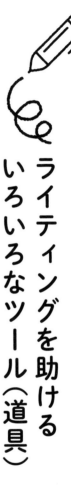

済構造実態調査」を「けいさ」などと3文字で登録しています。

筆者はＡＴＯＫのクラウド版を使っており（有料）、例えば事務所のパソコンで登録すれば、家のパソコンとも同期してくれるので、いちいち登録し直さなくてもいいのです。また、スマートフォンとも同期しているので、電車の中で文字を打つときにも便利です。Ｇｏｏｇｌｅ日本語入力も無料の割に便利ですが、筆者は日本語に強いＡＴＯＫに慣れてしまっているので、あとは好みと費用の問題です。

・口述筆記ツール

これはＧｏｏｇｌｅドキュメントやＷｏｒｄのディクテーションなど、音声で文字を記録してくれるツールです。はっきり話すことが条件ですが、自分の話し言葉はほぼ正確に入力してくれます。ただし、複数人数がガヤガヤ話しているような座談会などではうまく作動しません。

・書き起こしツール

取材をしてきて、ＩＣレコーダーから音声を聞き取って、文字を打っていく書き起こしのときにあると便利なツールです。実際に音声を再生していると、「あ、今なんて言ったんだろう」と聞き直したいことがよくあります。そんなとき、ＩＣレコーダーの再生／停止／巻き戻し／再生という手順を踏むのは煩わしいものです。

そこで書き起こしサポートツールがいろいろありますが、筆者が使っているのは「Okoshiyasu2」（Ｗｉｎｄｏｗｓ専用）で、無料でダウンロードできます（https://okoshiyasu2.softonic.jp/）。シンプルなソフトなので、使う人が使い方を決めればいいのですが、筆者は「Ｆ３」とか「Ｆ４」のキーに、再生や停止の機能を割りつけています。そうするとキーボードだけで書き起こしができるので、マウスやＩＣレコーダーを触らなくていいのです。

・自動書き起こしツール

書き起こしサポートツールをもう一段進化させ、録音されたデータをＡＩで文字化するものです。筆者は有料の「Notta」（https://www.notta.ai/）を使っています。

この「Notta」が便利なのは、音声データだけでなく、ＺＯＯＭなどの録画データも自動文字起こししてくれる点で、しかも日本語化するスピードが速いのです。

残念ながら取材の不鮮明な声や、専門用語が多く入った話などは、粗い出来上がりになります。感覚的には8割ぐらいでしょうか。しかし、それをすぐＷｏｒｄファイルにしてくれるので、自分で文字起こしをする手間が半減しました。今後もっと正確に書き起こしてくれるといいなと思います。さらにＷｏｒｄには「トランスクリプト」という録音データを文字起こしする機能もつきました。

・校正ツール（Ｗｏｒｄ）

実は、Ｗｏｒｄにも簡単な校正機能がついています。こうしてふつうに原稿を書いていても、途中「少しおかしいのではないか？」という部分に「赤い波線」が出てきます。また、「校閲」というタブの中で「スペルチェックと文章校正」という部分をクリックすると、文章中のおかしなミスを見つけてくれるというものです。

この「校閲」というメニューは使い出があって、前述の「文章読み上げ」ボタンもここにありますし、「文字カウント」で文章の文字数を調べることもできます。

・校正ツール（専門）

有料ですが、もう少し性能の高い校正ツールがあります。筆者は、「Just Right!」（ジャストシステム）を使っています。これは『記者ハンドブック　新聞用字用語集』（共同通信社）に基づいて文章の中のおかしな部分や、「できます」と「出来ます」の両方が混在しているとか、表記が揺れているとか、細かい部分について指摘してくれます。筆者は仕上げに使っています。ただし、あまり安いものではないので、ライターをはじめて「よしやっていこう！」と決意したら、ぜひおすすめします。

・「コピペ」チェックツール

原稿がほかの記事と似ていないか、**「パクリ」防止**のために、ネット上にあるほかの記事との類似度を調べるツールがあります。業務用のソフトウェアもあると思いますが、筆者が使っているのは無料の「Copy Content Detector」（https://ccd.cloud/）というアプリです。ちょっとクセはありますが、大まかな状況を見ることができて便利です。

4章

ライターの仕事をはじめよう

どうやって仕事を獲得していく？

▼「書く仕事」を探すために利用したいもの

筆者が「書く仕事」をはじめたのは、「人のつながり」からでした。今でもそれは有効だと信じていますし、多くのライターもそう答えるでしょう。

しかし今は「人のつながり」に限らず、「書く仕事」を獲得する方法は増えました。

例えば次のようなものがあるでしょう。

①クラウドソーシングサイトへの登録・案件応募

「書く仕事」がほとんど未経験で、まずはじめたいという人はここから入るのがひとつの方法です。クラウドソーシングのサイトでだんだん慣れていき、スキルが身についたら、自分の名前で仕事を取っていくという流れになります。

②編集（ライター）プロダクションに問い合わせ

筆者の会社も編集プロダクションですが、メディアからの案件を引き受けて、ライターに仕事を割り振るプロダクションはたくさんあります。こういうところに応募して、副業でやらせてもらえないか頼むのもひとつの方法です。ただし「何か自分の書いたもの」をサンプルとして持っていないと話が進みません。

③メディアに直接問い合わせ

「ライター募集」を告知しているウェブメディアもたくさんあります。経験者ならここに問い合わせるのが早いですが、未経験者の場合はむずかしいかもしれません。ただ、ライター未経験であっても、特定の分野に強いと相談に乗ってもらえる可能性はあります。

④求人サイトに応募

一般の求人サイトでも「ライター募集」を告知していますが、派遣社員やアルバイト・パート募集が多く、未経験OKや副業の案件は少ないでしょう。しかし丹念に探してみれば自分向きの案件があるかもしれません。

⑤メディアの知り合い経由

これはなかなか難易度が高そうですが、筆者の場合はほとんどこれです。メディア関係のリアルな知り合いをたどって「書く仕事」を紹介してもらうというものです。ただし、何らかサンプル原稿がないと話が進みません。次に紹介するように、ブログ(「note」などでも)で「人に読んでもらうための記事」をいくつか書いておく必要があります。何でリアルな知り合いがいいかというと、「締め切りを守ってくれそうか」「コミュニケーションが取れるか」ということをメディア側が判断できるからだと思います。

どうやってメディアの知り合いをつくっていくかということに関しては後述します。

⑥ブログ・SNS経由

「読んでもらうための記事」をブログなどにアップします。メディアや編集プロダクションの人間に読まれればラッキーですし、「こんなものを書いています」と売り込むためにも、何か書き物をしておくことは必要です。

ただし、自分の生活についてダラダラ書くようなブログではなく、「人に読んでもらうことを意識した記事」でなくてはダメです。

また、そういうブログをSNSで紹介しているうちに、どこかから声がかかることもあります。

筆者は15年ほど前、編集者として「時間管理」についてビジネスパーソン向けの記事を書ける人がいないかと、いろいろ探しました。そのうち時間管理術のブログを書いている水口和彦さん（現在、講師などで活躍中）という方を見つけて「この人だ！」と思いました。「これだけ知識があって、書ける人ならまず間違いないだろう」と「書く仕事」をお願いしたのですが、そのとき、筆者は直接会いに行ったのです。やはりブログだけでなく、人間性に触れたかったからです。もちろん人間性も申し分ない方でしたので、その場で正式に依頼しました。申し出を快諾していただき、水口さんの書いた記事は多方面から評判を呼びました。

実はこのあたりに、ライターとして大切なことのひとつがあると思います。このときの筆者は編集者の立場でした。編集者がライティングをお願いしたくなる人は、その人の「人間力」が大きいのです。編集者としては、クライアントから予算をいただいて、質が高く、広く読まれるコンテンツをつくらなければなりません。プレッシャーもあります。そんな中、時間と予算をかけてライターにお願いするわけですから、**「この人で大丈夫だろうか」という不安感を持ちたくない**のです。

もちろん人間性が立派でも、ぜんぜん書けない人は仕方ありません。しかしこの場合のように、ある程度書けることがわかっていて、人間性も確認できれば、よっぽどのことがない限り、ひどい結果にはなりません。そんなことを考えながら、次の「仕事の売り込み方」に進みたいと思います。

仕事の売り込み方のコツ

▼キーマンのいるところに種を蒔いて歩く

わかりやすく「売り込み方」と書きましたが、「やっぱり営業なの？」と心配することはありません。「売り込む」というより、「種を蒔いて収穫する」というほうが近いでしょう。

具体的に言うと、**「『書く仕事』をさせてください」という「旗」をつくり、その旗をキーマン（メディアの運営者、編集者、代理店、クライアントなど）やキーマンとつながる人に見てもらえるような場所に立ててまわる**ということです。

まず、「旗」に記しておくべきことは、次のポイントです。

①自分は「書く仕事」をしたいと考えています
②自分の得意な（あるいは〝好きで書きたいと思っている〟）ジャンルはこういうものです
③自分が書いたものはこんな感じです（サンプル）
④自分の経歴はこうです（信用できる人間です）
⑤プロフィール写真

このような内容をＳＮＳやブログのプロフィールに掲示します。またクラウドソーシングの場合、自分のプロフィールを登録するところからはじめるので、丁寧にこの内容を書き入れます。

③については、リンクを貼るか抜粋して載せます。何にせよサンプルの原稿がないと、声をかけるほうは判断がつきません。

④の「自分は信用できる人間です」ということを自分で表現するのは、なかなかむずかしいですね。なので「本業でスケジュールを守る大切さを教え込まれてきました」など、「この人は締め切りを守りそうだな」と思わせることを書くといいと思います。

そして「信用」というのは、⑤のプロフィール写真に関係します。

人間の顔というのは大きな情報で、顔写真は相手を信用させる大事なツールです。SNSやクラウドソーシングの写真は「相手を信用させるようなもの」を選びましょう。適当に撮った写真や変なイラスト、著名アニメのキャラクターなどはやめましょう。その行為自体が信用できないと判断されます。

▼自分の「旗」を持ってリアルなつながりを探す

こうしてつくったプロフィールが「旗」になります。SNSには**「ライターの仕事がしたい」専用のアカウントを立て、**ツイッターなら関連するツイートを日々行ない、フェイスブックなら記事を日々投稿します。そしてキーマンのアカウントをフォローしたり友達申請したりして、自分の「旗」を見てもらえるように促します。

また、**「書く仕事」専用の名刺**もつくり、リアルな交流会などで配布します。「Eight」などの電子名刺管理サービスでも、同じようにプロフィールを作成します。

キーマンの動きを把握して、交流会、セミナーなどがあれば積極的に参加して、

リアルなつながりをつくります。筆者は一番これが効果的でした。

キーマンが参加する勉強会の幹事を1年以上務め、ある程度信頼感が醸成されたところで、「何か書く仕事はありませんか?」と相談したところ、「ああ、ありますよ」と取材レポートを書く仕事を頼まれました。その仕事を2年ほど続けたあと、「書籍を書きませんか?」という相談をもらったのです。

筆者がある程度実績を積んだあとですが、ツイッターやフェイスブック上で「こんな企画が面白いのではないですか」という情報発信をずっと行なっていました。それで生まれたメディアや書籍の仕事がたくさんあります。

面白いのは、SNSの場合、キーマン直接でなく、**「キーマンとつながりのある人」**が現われることがよくあります。そう考えると、**「SNS上での振る舞い」も大事**です。SNS利用術の本にはもっと詳しいことが書かれていると思いますが、筆者は「仕事の話3割、日常の話7割」くらいでSNSに投稿しています。「仕事をください」ばかりの投稿は、逆に信頼性に関わるのではないかと思っています。

自分の専門分野を〝かけ算〟できる「書く仕事」を見つけよう

▼仕事の経験や好きなことの知識を生かせばいい

ここまで述べてきたように、書くことが好きで、何か専門分野があればライター未経験でも、十分お金を稼ぐ仕事ができます。専門分野と言うと尻込みするかもしれませんが、自分が会社の業務で経験してきたことが、実はほかから見たら専門分野だということも少なくありません。

また、会社の業務経験だけでなく、自分の興味の範疇で好きなことがあれば、それをライティングに生かす方法もあります。「得意なこと・趣味×ライティング」の〝かけ算〟は、シニア世代や専業主婦の方にも向いています。

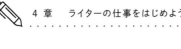

まず、業務経験や知識を〝かけ算〟してライティングするパターンを考えてみましょう。

▼業務経験や知識を〝かけ算〟してライティング

①業種の例

業務現場での成功談や失敗談のネタ、読者が「あるある」とか「へえ～」と感じられそうなネタ、経営陣や上司をどうやって説得するか悩みそうなネタなどをもとに、会社員向けの気づきやヒント、仕事術などのコンテンツが考えられます。

この「あるある」「へえ～」という切り口はコンテンツの王道です。筆者はどうやって読者に「あるある」「へえ～」と思わせられるか、いつも考えています。

・マーケティング関連業務

例えば現在、デジタルマーケティングについて書ける人が求められています。コンサルタントやエンジニアでなくても、実際に仕事でウェブサイトでの集客を行なった経験、そこで失敗した経験なども有力な記事ネタになり得ます。マーケティング・オートメーションなどのツール導入などについても、専門家や評論家ではなく、**現場での実務経験がある人の記事はニーズがある**でしょう。

最新のデジタルマーケティングではなくて、アナログなマーケティング方法の話もネタの宝庫です。例えば調査方法に、デジタルではなくて、グループインタビューやデプスインタビューのように、人から商品やサービスについての本音を聞き出す手法があります。そういう現場には「あるある」や「へえ～」がいっぱい落ちているのではないでしょうか。そういうバックグラウンドを持っている人に、原稿を依頼してみたいと考える編集者がいそうです。

デジタルでもアナログでも、マーケティング現場で実戦を経験してきた人は、その経験や知見とライティングを〝かけ算〟するといいと思います。

・営業・販売・販促関連業務

営業や販売、販促の現場にいる人もネタの宝庫です。例えば筆者の知り合いで、『「あなたから買いたい」といわれる販売員がしている大切な習慣』（同文舘出版）などの著書がある柴田昌孝さんという方がいらっしゃいます。この方は呉服販売からキャリアをスタートし、アパレル会社を立ち上げた方で、業界で経験してきた「接客」「販売」のノウハウを書籍などコンテンツにされていますが、柴田さんの書くものは何でも面白いのです。すべて長年の経験をもとにした「接客目線」で、読者にいろいろな気づきを与えてくれます。

もちろん、一番面白いのは「接客というビジネス」に関する知識や気づきであり、「もっとこうすると売れる店になる」というノウハウです。

われわれは買い物に行きますが、百貨店やスーパーなどお店の外側のことしか知りません。その裏側にさまざまな工夫があり、販売スタッフはそんなことを考えているのかという話は「へえ～」の連続です。

・法務関連業務

社内の法務部で経験を積んだ人には、「契約トラブル」や「社内外での失敗例」などが蓄積されているでしょう。もちろん守秘義務は守らなくてはいけませんが、そういう話は会社に勤める人は知りたいものです。読者には気づきを与え、背中を押すことでしょう。

さらに資格を取った人は、資格のキャリアでの生かし方、資格を取るための勉強の仕方など、いろいろな記事が書けそうです。

そもそも法務部に在籍している人は、文章に敏感なはずです。そのキャリアとライティングを〝かけ算〟すると、「書く仕事」がいろいろありそうです。

・経理・財務関連業務

定番として求められる記事のネタとしては、「税金」「確定申告」「還付金」などですが、だいたいの人はお金の話が好きなものです。例えば、元国税調査官や税理士の方が書く、「税金トラブルあるある」はいつも興味をひくコンテンツです。

会社で経理を担当する人にも、「社内の精算トラブル」など、「あるある」のネタを豊富にお持ちでしょう。もちろん、こうしてきちんと納税する、税務署からの指摘を回避するなどのノウハウも書けるはずです。

資格を取得しているとさらによいのですが、これからの時代、クラウドの会計ソフトなどを使って業務効率を上げる、あるいは人手のかかる部分をなくしていくということも求められます。少しＩＴ寄りの話になりますが、そういったものの活用の仕方、導入の仕方、選び方などを、現場で経理・財務に携わっている方がライティングするといい記事ができそうな気がします。

・人事・総務（ＨＲ）関連業務

実はここ数年ＨＲ（人材開発・採用など人事）系の記事作成のニーズが増えています。筆者も求人広告営業（リクルート）からビジネスキャリアをはじめたのですが、人材関連のライティングは独特です。

求人広告のような「採用」だけでなく、「人材教育」「キャリア形成」さらには「ＯＫＲ」（Ｇｏｏｇｌｅやメルカリが取り入れた目標管理手法）のような「社内組織構築」とそのツールの使い方など、幅広くＨＲをネタにした記事、コンテンツが求められています。

そのような記事は専門家が書くものもありますが、実際にＨＲの現場をよく知る人でないと書けないのではないかと思っています。人事に関わることはナイーブで、法律も絡んできます。ＨＲ系の経験や知見とライティングを〝かけ算〟すれば、いろいろ「書く仕事」があるのではないでしょうか。

・IT、情シス関連業務

前に述べたように、現在この職種についている方はライターとして有望です。幸か不幸かＩＴ関連の技術は日々進化しています。ライティングできる人は求められ続けます。

専門的な知識を書くことができる人はもちろんですが、一般のビジネスパーソンに伝えるために、むずかしい先進的な技術、あるいはすでに社会で使われている基幹的な技術などについて、わかりやすく書ける人はさらに求められます。

例えば筆者も、ＩＴ関連ビジネスや技術についての記事作成をよく求められるのですが、根本的に「自分が現場で体験していない」という欠点があり、インタビューなどをまとめるときに、「現場のエンジニアの方だったら気づく点やもっと深く聞けるポイントがあったのではないか」と反省することが多々あります。現場を知っているエンジニアの方がライティングスキルを身につけたら、きっと我々はかなわないと思うところです。

むずかしい技術の話だけでなく、情シスの現場ではさまざまなことが起きるでしょう。そういう話を面白おかしく書ければいいのではないでしょうか。

・ファシリティ、ネットワーク管理関連業務

会社の施設や設備、ネットワークなど、インフラの管理などを行なう部署。ものすごく大切な業務だと思いますが、筆者も含めてその実態はあまり知られていません。実はコンテンツの宝庫ではないかと思っています。きっと一般社員が知らないようなピンチなどを乗り切っているのではないでしょうか。

・物流関連業務

物流は社会を支える大切なインフラですが、その実態についてはあまり知られていません。元トラックドライバーの橋本愛喜さんという女性ライターが物流現場の実態を中心にいろいろ記事を書かれていますが、本当に面白いですし、書籍も出版されています。

・製造関連業務

工場で行なわれている業務、そこで起きるトラブルなども、ホワイトカラーの社員にとっては新鮮な話です。また、筆者がシニア人材として中小企業のコンサルをしていたとき、「生産管理」など工場に関わる人材を求める声がたくさんありました。ハードウェアをつくるということは、本当に大変なことですし、知識が必要です。製造現場にいた人がそのスキルにライティングを〝かけ算〟すると、いろいろな記事が書けると思います。

そのほか、次のような業種の組織や会社での勤務経験がある人なら、その経験・知識を〝かけ算〟すればニーズがあります。公務員でも、警察や消防、あるいは小さな町の防災担当など（もちろん守秘義務があることは書けませんが）、いろいろな記事ネタが考えられます。

・公務員

・Web3、メタバース関連のスタートアップ

・自動車、ロボティクス関連

・金融

・不動産
・外食

友達や家族に仕事の話をしてみて「へえ〜」と言われたら、それは有望な記事のネタです。

▼業務経験や知識を〝かけ算〟してライティング
②テクノロジーの知識があれば鬼に金棒

以上のような仕事で積んだ経験や知識、知見とライティングを〝かけ算〟し、さらに先進的なテクノロジーについての知識を〝かけ算〟すると、ライターとしてのニーズがもっと高くなります。

例えば、物流について知識や経験がある人は、自動運転やロボットなどの知識も〝かけ算〟して、「テクノロジーで人手不足の現場の課題を解決する」「自動運転を取り入れる物流改革の現状」「スマートシティと物流の関係とは」など、質も報酬も高くなりそうなテーマの執筆依頼が来るようになります。

要は専門家でなくても、「現場で実務経験を積んだ人」であれば、ライティングに生かせる素養やネタを持っているということです。あとはその切り口の見つけ方ですが、そこはメディアの編集者、担当者が一緒に考えてくれるはずです。

▼好きなこと、趣味の知識や体験を〝かけ算〟してライティング

①キーマンに自分を見つけてもらうこと

食べることが好きで料理に詳しい人はフードライター、旅行が好きな人はトラベルライターなど、自分の好きなことにライティングスキルを〝かけ算〟する方法も有望です。その呼び方は自分で決めればいいし、資格も特にありません（何かあれば説得力は増します）。

問題はどうやって仕事を獲得するかです。依頼する側からすると、フードライターとかトラベルライターなど呼称がついていれば、「この人に頼もうかな」と考えやすいのですが、Ｇｏｏｇｌｅなどで調べると山のようにフードライターが出てきます。少し**得意分野を絞りこんだ呼び名**も検討するといいと思います。

このあとの「ウェブライター」の章でも述べますが、**「ライターを探しているキーマンに、自分の存在を見つけてもらいやすくこと」**がひとつの大きな鍵です。**特にＧｏｏｇｌｅ検索で見つけてもらうこと**です。

ライターとよく似た位置づけに「評論家」という肩書があります。例えば筆者は「副業評論家」を勝手に名乗っています。早い時期に自分でその肩書をつくり、ＳＮＳなどで拡散したので、現時点でＧｏｏｇｌｅ検索をすると、「副業評論家＝筆者」がトップに来ています。結果的に副業に関する著作依頼が来るのです。

例えば、単なるフードライターではなくて「町中華ライター」とか「レトロ喫茶ライター」とか、絞った肩書をつけるのもひとつの例です。「自分をタグ付けして世の中に出す」ことが仕事の依頼を獲得するひとつの方法です。

町中華のライティング依頼ばっかり来ても困りますが、いったん「町中華ライター」として名前が知られてきたら、「フードライター／町中華ライター」などとジャンルを広げていくのもひとつの手です。

▼好きなこと、趣味の知識や体験を〝かけ算〟してライティング
②自分自身をコンテンツ化

ここまで説明しておわかりかと思いますが、好きなこと、趣味の知識や体験を〝かけ算〟してライティングをすることは、**「自分自身をプロデュースしてコンテンツ化」**していくことに近いです。もっとわかりやすく言えば**「タレント化」**でしょう。「ライトな専門家」として、ライティングだけでなく、あちこちから声がかかるようになれば、自分の仕事の幅が広がるでしょう。筆者は**「芸域を広げる」**と言っていますが、「自分自身をプロデュースしてコンテンツ化」するということは、最終的に書籍の著者などを目指す方には必要な考え方ではないでしょうか。

理系の人にこそおすすめの「書く仕事」

▼「書く仕事」でお金を得やすい理系の人

文系・理系とあえて分けるのは変かもしれませんが、ライターを目指す人は、そもそも「文章を書くことが好き」、または「文章を書くのが苦ではない」人で、文系の方が多いのではないでしょうか。

しかし、ここまで述べてきたように、作家を目指すのではなく（もちろん最終目標として作家を目指してもいいと思います）、「書く仕事」でお金をいただけるようになるためには、業務経験や知識を〝かけ算〟してライティングし、さらにテクノロジーの話を〝かけ算〟できる人、つまり技術に明るい理系の人がかなり有望なのです。

むしろ理系の人にこそすぐチャレンジしていただきたいと思っています。

ただ、理系の人の作成する記事を読むと、メディアの役割をあまり理解していないことが多いので、どうしても読みづらいと感じることが多いのです。

学術的に価値の高い文章や、自分の言いたいことを中心にした文章は、別途発信すればいいでしょう。経済活動の一環として、読者の背中を押すメディアの役割を理解し、「中学生でもわかるように」書くように意識すれば、仕事はたくさんあります。ただ、そんな人たちがたくさんライターデビューすると筆者の仕事が奪われていくかもしれません。

余談ですが、仕事を奪われると言えば、**ＡＩ（人工知能）**です。急速に発達するＡＩは、オーダーに合わせて、かなり質の高い文章を作成できるようになりつつあります。どうして質が高くなっていくかというと、これからは**「ググる」の代わりに「ＡＩに聞く」ということがふつうになっていく**のではないかと思われます。そうすると、毎日何億回も質問を受けて答えるうちにＡＩはどんどん訓練され、人間の文章作成力に近づいていくからです。そして今後はＡＩライターが進出してくるでしょう。それに負けないためにはどうするか？　本書の最後に考え方を書いておきますので、ぜひこの先も読み進めてください。

5章

まずはウェブライターに挑戦しよう

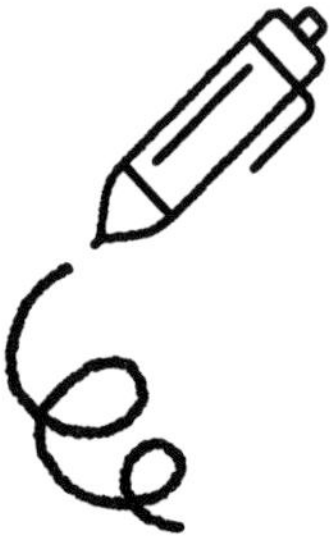

ここだけは押さえておきたい ウェブライターのこと

▼ウェブメディアの特性をもう少し詳しく

さて、いよいよライターをはじめようという人に向けて、まずは「ウェブライター」に挑戦してみませんか。そのために、もう一度ウェブメディアの特性というものを考えてみましょう。みなさんがいつも見たり読んだりしているものです。むずかしい話ではありませんが、ただ、「書く」という立場から確認しておいたほうがいいことがあります。

1章でお話ししたように、ウェブライターもライターですから、文章の切り口や構

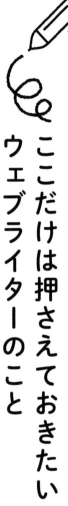

成を工夫するなど、気をつけるべきポイントは変わりません。ただ、紙媒体と違う特性があります。ライターとして、ウェブを主戦場にしていこうとする方にそのポイントをお話しします。

まずはウェブメディアの特性を編集者・ライターの立場で見ていきます。次は『プロフェッショナルWebライティング』（松下健次郎　技術評論社）を参考に、筆者が加筆したものです。

・無数の類似情報が簡単に入手／比較できる
・マス広告に比べて信用されにくい
・ほかのメディアに比べて目が疲れる
・読む／読まないが直感的に判断されがち
・どのページから読まれるか特定できない
・ページの一部分しか一度に表示されない
・ハイパーリンクで情報がつながる
・閲覧環境によって見映え、使用感が異なる

こうして並べてみると、ライターだけでできることは少なく、編集者やエンジニアとの共同作業が多くなります。ただし、「ライターだから詳しいことは何にも知りません」ではなく、少しでも対策を心がけておくと、チームの一員として信頼され、仕事が途切れることはありません。

これらすべてに関わってくる大きな要素が「Ｇｏｏｇｌｅ対策」です。これもライターだけでは対応はむずかしいのですが、やはり概要を知っているライターと、知らないライターでは差がつきますので、概要を次に述べていきます。

▼Ｇｏｏｇｌｅを味方につけたい

現在のウェブメディアの世界では、Ｇｏｏｇｌｅの検索エンジン（検索窓にキーワードを入れて検索すると、インターネットで公開されている情報からキーワードに近しいものを探し出すシステム）が大きな力を持っています。支配していると言ってもいいぐらいです。

物事を調べるときにほとんどの人が「ググる」（Ｇｏｏｇｌｅで検索すること。ちなみにＹａｈｏｏ！も、Ｇｏｏｇｌｅの検索エンジンを利用している）でしょう。キーワードの検索結果の上位に自社の記事が表示されれば、読まれる確率が高くなるからです。

例えば、「おいしい玄米の炊き方」とキーワードを入れて検索した場合、一番上に出てきた記事は読まれる確率が最も高くなります。

そのために、テーマやタイトルを決めるとき、**「記事が公開される時期にたくさんググられそうなイベントや出来事」**を検討して、自然に記事の中に落とし込むことがひとつの方法です。例えば、新年早々に公開される記事なら、「初詣」「お年玉」「帰省」「おせち」などのキーワードや流行、人気イベントなどを頭に置いて、そのキーワードを記事の中に盛り込みます。

また、ビジネス記事なら、「法改正」や「確定申告」「ボーナス」「人気製品の発売」などを頭に置いて、キーワードを考え、Ｇｏｏｇｌｅで検索されたときに引っかかりやすいように工夫します。

「引っかかる」とは、Ｇｏｏｇｌｅ検索の結果、ザーっと並ぶいろいろな記事の中で、上位に表示されることです。みなさんも、そうしたとき、上位の記事を選択することが多いでしょう。「ＳＥＯライティング」もまさにそのために行なうものです。

▼Ｇｏｏｇｌｅが判断する記事の「質」

ＧｏｏｇｌｅはＡＩ（人工知能）などを使って、インターネット上を回遊しながら、そこに存在するほとんどの記事をさまざまな評価手順で評価しています。しかも絶え間なくです。

「ほかの記事をコピペしていないか」「信頼できるウェブサイト（官公庁や大学など）にリンクされているか」「たくさん読まれているか」などをもとに、質が高いと判断した記事を検索結果の上位に置いているようです。

「じゃあ、その質とか価値って誰が判断するのですか？」と聞いてもわかりません。まさに**Ｇｏｏｇｌｅの一存で決められてしまい、さらにその順位は刻々変化します。**そして、その検索システムは定期的に変更されます。

少し古い資料ですが、Ｇｏｏｇｌｅの「質の高いサイトの作成方法についてのガイダンス」（Ｇｏｏｇｌｅ公式ＳＥＯスターターガイド　Ｇｏｏｇｌｅ検索セントラル）を見てみると、次のような評価軸を大切にしているようです。主なものだけ抜粋します。

- **記事に掲載されている情報は信頼できるものか**
- **同じ内容を書き換えただけの冗長なものではないか**
- **スペルや文体の間違い、事実誤認がないか**
- **独自の内容が記載されているか**
- **洞察に富んだ分析や興味深い情報を提供しているか**
- **自らブックマークしたり、友人と共有したり、友人にすすめたくなるようなページか　など**

なかなかきびしいですが、これらはまさにメディアの編集者も求めるものでしょう。もっとかみ砕いて言えば、**「コピペしたような薄い内容の記事は評価しませんよ」**ということですね。

また、よく言われるのが（前述のように）「提示した疑問などは必ず記事内でその答えを示すこと」が重視されるようです。つまり、読み手の疑問に答えてくれる記事が評価されるのです。

▼「読み手」の疑問を解消するような記事を書くこと

Ｇｏｏｇｌｅのコンテンツ評価の方法はしょっちゅう更新されますし、ここにあげたいくつかのことは筆者の推測や、まわりのライターの噂話でもあります（本当のことはＧｏｏｇｌｅ上層部以外、誰にもわからない）。ただし、ここにあげたことに注意して、できるだけ質の高い記事を書くようにすれば自然にＧｏｏｇｌｅの評価が高くなり、検索結果上位をゲットする結果になるはずです。

Ｇｏｏｇｌｅ検索の話をしましたが、何かを知りたくて「○○とは」とキーワード検索する人が多いはずです。例えば、「全固体電池とは」と検索した人は、そのわかりやすい説明がほしいでしょう。それがすっきり理解できれば読者の役に立ったはずです。そういう記事を書いていくといいということです。

筆者もいくつかの記事で、キーワードをＧｏｏｇｌｅ検索した結果、１位を取りましたが、本音を言えば「何とか検索されよう」と目一杯がんばって書いたものではなく、面白い人や制度を取材して、自分の言葉でわかりやすく書いたものでした。やはり、多くの人が興味を持つテーマと切り口で、質の高い記事を書くことが一番ではないかと思います。

こうしてＧｏｏｇｌｅ検索で上位に表示された記事は、言うまでもありませんが、検索してやってくる読者（閲覧者）が増えます。つまり長い期間ＰＶが伸び続けますから、メディアとしては喜ばしいことになります。

ただし、チャットＧＰＴなどＡＩの進化により、この流れは今後どんどん変わるでしょう。

ウェブライターの仕事はたくさんある

▼ウェブライターが頼まれる仕事はいろいろ

ウェブライターという呼び方は、実は便利に使われています。実際は次のような業務を依頼されることが多いでしょう。例をあげてみます。

- ・ブログ記事の執筆
- ・資料の整理・編集
- ・翻訳や体験談の編集
- ・リライト

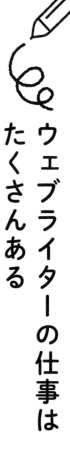

・商品やサービスのネーミング
・手書き原稿の入力
・音声データの書き起こし

「ブログ記事の執筆」はもちろんライターの範疇ですが、資料を探して整理・編集するなど、ライターの仕事の一部分を切り出して依頼されたり、ネーミングを考えさせられたり、手書きの原稿や音声データをテキスト化する仕事だったりいろいろです。

ライター修業のためと割り切り、もらえる報酬額にある程度納得できるのなら、経験のためにいろいろやってみるのもありでしょう。

ウェブライターの仕事を探すための方法とは？

▼クラウドソーシング大手クラウドワークス社に聞く

これからウェブライターをはじめようというとき、人脈をたどって仕事を探す方法のほかに、クラウドソーシングを利用する方法もあります。それについては、クラウドソーシングのプラットフォームを運営している企業に聞くに限ります。

株式会社クラウドワークスの梅澤啓太さん（プロダクト本部 ワーカーエクスペリエンスグループ）にお話を伺いました。

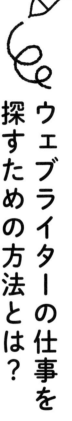

――まず御社のサービスに登録してウェブライターをはじめるとき、必要なことは何ですか？

まずは、**正しい日本語を改めて身につけていただく**ことです。そして読者に魅力を感じさせるような文章を構成できること。最初につかみがあって、真ん中あたりに伝えたいことがあって、最後に〝まとめ〟があるというのが一般的な構成だと思うのですが、そういった構成も学んでいただくこと。そして、読者が記事を読んで、申し込みとか商品の購入とか、**クライアントさんの売上につながるような文章を構成できる**ということ。これらを身につけていただくのがよいのかなと思います。

――**そういったことを学ぶ仕組みは、クラウドワークスの中にあるのでしょうか？**

クラウドワークスが運営している**「みんなのカレッジ」**という有料のオンライン型の教育サービスがありまして、その中に**「WEBライターコース初級」**というコースがあります。例えばそこで正しい日本語を正しい文章として読者に届けるという基本を学んでいただけます。

――年齢や経験に関係なく受講できますか？

ぜんぜん大丈夫です。「みんなのカレッジ」の受講生は**40代から50代が一番多い**ですし、もっと年齢が上の方もいらっしゃいます。リスキリング（学び直し）や定年後にちょっと稼げるスキルを身につけておきたい方たちですね。

――クラウドワークスで仕事をしていこうとしたら、そういったコースを受講して修了したというのはプラスになりそうですね。

特にバッジとかを出したりはしていませんが、みなさん、プロフィールに受講済みと書かれているようですし、得策だと思います。

――そのプロフィールですが、やはり大事なところですよね？

クラウドソーシングのサービスは、インターネット上のサービスですので、クライアントさんからしても、ワーカーさん（クラウドワークスで仕事を請ける人）の顔も人物像もわかりませんので、プロフィールを具体的に書くことがとても重要です。

具体的に言うと、クライアントさんが応募してきた多数のワーカーさん全員のプロフィールを、じっくり全部読むことは正直不可能でしょう。ですので、**プロフィールの最初に「自分が本当に伝えたいこと」を書いておく**ほうが読んでいただきやすいです。

例えば私だったら、海外の自分にしか知らない観光地をかなり知っています。それに関する記事制作が書くことができます。そんなことをプロフィールの最初に書いておくと、クライアントさんにイメージがしてもらえます。

あと、自分の資格とか経歴を書くことも大事ですが、やっぱり一緒にお仕事をしていく上では、**「人物像」をいかにPRできるか**が重要になります。例えば、休日の過ごし方や趣味を書いたことが受注につながったというケースもあります。

例えばバスケットボールの動画制作をするのでシナリオを依頼したいというクライアントさんがいたときに、Aさんのプロフィールには「シナリオが書けます」とだけ書いてあるとします。それに対してBさんのほうには「趣味でバスケを20年間やっていました。だからバスケを好きな人の気持ちに沿ったシナリオを書くのは得意です」と書いてあるとします。仮にAさんのほうがシナリオ制作の経験が長かったとしても、クライアントさんから見たら、〝いろいろな視点から物事を見られるな〟という点でBさんのほうに発注する可能性が高くなるかもしれません。そういった面で、プロフィールは具体的に書くことが重要なのかなと思います。

――どういうふうに案件を探していくのが得策なのでしょうか？

ウェブライターの仕事ですよね。自分が好きなジャンルをあらかじめ洗い出しておくことでしょうね。**自分の興味のないジャンルに挑戦してライティングをはじめた方も多くいらっしゃる**のですが、最後まで納品しきれなかったっていう事例が多くありまして……。

やっぱり**自分が本当に好きなこととか興味のあることを、まず探してみることが大事**だと思います。そこが一番のポイントになってくると思いますね。

――ありがとうございます。現在クラウドワークスに登録して、いつも案件を多く取っている方、稼いでらっしゃる方には、何か秘訣とか、コツとかがあるのでしょうか？

そうですね。クライアントさんからの依頼に対して**120%で応える**というところなのかなと思っていて。やっぱり継続的なお仕事につなげることが、クラウドワークスで報酬を増やしていく一番のポイントかなと思っていますが、そのためには、いかにクライアントさんに**「この人とお仕事をすると楽だな」**と思わせるかがポイントになります。

納品するものに、**プラスアルファ何か付加価値をつけてあげる**というのが一番伝わりやすいですかね。クライアントさんはこの人と仕事していると楽だなとも思いますし、やはり直接売上につながるような納品をしてくれるんだなという感覚が得られるので、継続的な案件につながりやすいです。イコール報酬が増えていくというところなのかなと思います。

あと、こまめにメッセージのやり取りをすることですね。先ほどの話に戻るのですが、そのプロフィールに**「メッセージが円滑に取れる時間帯」**を記載しています。例えば「月曜から金曜は本業がこの時間まであるので、メッセージの返答が遅くなります。ただ20時から22時はメッセージが円滑に取りやすい」などです。加えて稼働時間ですね。実際に業務にあてられる時間、例えば「土曜だったら10時から15時まで稼働できます」とか、そういったことをきちんと書いている方が多いです。

――やり取りしやすい時間帯や稼働時間を明確に書いておくことで、クライアントから頼みやすいってことになるわけでしょうかね？

そうですね。逆に無理な発注も防げますよね。

――そうすると、やはりプロフィール欄を工夫することは大事ですね。

スキルが高いから間違いなく仕事を取れるわけではなく、プロフィールのＰＲ欄への書き方がうまかったり、応募した際のクライアントへのメッセージを徹底している人というのは、仕事を獲得できてしまうのですよ。

気をつけてほしいのが、クライアントさんが納品してほしいものと、自分が納品できるものに差異がないのかをメッセージで確認しておくことです。トラブル防止になります。それをきちんと**確認することは失礼でも何でもない**ですから。

クライアントさんでも慣れてらっしゃらない方もいます。しっかり確認しないと、納品したあとから「これは違うんじゃない？」みたいな話になってしまうわけですね。すると「ここを修正してください」となって、修正が増えて、工数も増えて、時給換算したときに安いということになってしまいます。

株式会社クラウドワークス　https://crowdworks.jp/

お話を伺って、クラウトソーシングでも、やはり相手の立場をよく考えることが大切だと再認識しました。また「プロフィール欄」の工夫も大切だとわかりました。クラウトワークス梅澤さん、どうもありがとうございました。

6章

ステップアップ！ウェブ以外の場でも活躍しよう

新聞社や出版社へのアプローチ

▼「紙媒体」も健在

ウェブメディア全盛の時代ですが、「紙媒体」の仕事もまだ健在です。全国・地方一般紙、メジャー雑誌のほかにもいろいろあります。まず新聞では**業界紙、専門紙**（住宅や外食、金融から趣味など無数）。同じように雑誌でも**業界誌、専門誌**。これは特定の分野の知識・経験を持つ方にとって入り込みやすいものでしょう。また、**フリーペーパー**の執筆の仕事もあります。

企業案件の紙媒体もあります。広告のためのＰＲ冊子やパンフレットは今も多くつくられています。少し専門的な技量が必要になりますが、通販関係の紙媒体の仕事もなかなかなくなりません。

また、**「社内報制作の代行」**もあります。本来は社内でつくるべき冊子ですが、アウトソーシングするところが多いのです。

▼リアルなきっかけをつくるのが早道

新聞でも雑誌でも、大手の紙媒体に書くのはハードルが高く、実績を積み、名前がある程度売れてからでないと声がかかりません。ライター側から「書かせてください」とアプローチしてもなかなかむずかしいでしょう。

それに比べて、雑誌や専門誌などは、比較的入り込みやすいと思います。こちらも、「これからライターをはじめます」というのではなかなかむずかしいですが、**自分のブランド、キャラクター、そして得意な分野を明確にして、ポートフォリオ（作品実績をわかりやすくまとめたもの）をつくり、アプローチ**していきます。

「書ける人」は常に求められていますから、どんどん送って、声がかかるのを待ちつつ、出版社や広告代理店の知り合いをつくって、ＳＮＳでつながり、こまめに情報発信することです。

また、出版社や広告代理店、メディアの人が登壇する講演会やセミナーなどに足を運んで、名刺交換します。名刺にはライターとしてのポートフォリオを書き込んでおくといいでしょう。もちろん名刺交換をしてすぐに仕事が生まれるなんてことはまずありません。手紙を書いたり、情報発信をマメに行なったりして、少しずつ関係性を持つことです。まさに営業活動なのです。

営業と言っても、売り込みではなく、おそらく魚を釣るのに似たアプローチではないかと思います。魚を追いかけて海に入るのではなく、魚のいそうな場所に釣り糸を垂らしてじっと待つ感じです。その魚のいそうな場所とは、やはりリアルな場です。いきなり会社に押しかけても迷惑なだけなので、講演会やセミナーなど、名刺交換や挨拶ができる場を選んで足を運ぶとよいでしょう。

著書を出すためのアプローチ

▼著書を出すための出版企画書をつくる

記事ではなく、自分の著書を出したいという人もいるでしょう。著書を出して高評価を得ると、大手メディアから声がかかる確率も上がります。

これも前項に書いたアプローチと同じで、人間関係をつくるきっかけを探し、自然なアプローチのあと、何度も情報交換して、ライターとしてのキャラクターや得意な分野などを知ってもらうことからはじまります。

また、ビジネス書などの著者になりたいという人もいるかもしれません。この場合は、ポートフォリオのほかに「出版企画書」をつくっておく必要があります。どんな本が書けるのか、その本はどんなターゲットに刺さるものなのかを簡単にまとめたものです。相手がすぐ読めるようA4サイズ1枚ぐらいのものがいいでしょう。

もし出版社の人が興味を持ったら、次に「章立て（目次）案」をつくって相手に見せます。何章に何を書いて……。という内容をだいたい200ページぐらいにまとめるようにつくります。

よく出版社に大量の原稿を送って「読んでください」という人がいますが、よほどの才能がある人でない限りやめたほうがいいです。それより、出版企画書を送るほうが目を通される可能性が高いです（採用されるかどうかはまた別問題）。

「著者」になることについては、この章の後半で詳しく述べていきます。

取材するってどんなこと？

▼ライターとして一歩進んだ仕事

資料を読んで書くのではなく、実際に現場に出かけ、より内容の深い記事を書くために取材に行きます。これは編集者から「取材して書いてください」と依頼されることがほとんどです。このような例です。

- **記者発表、イベント、講演会などに出席し、聞いてきた内容を記事にまとめてほしい**
- **あるテーマについて、キーマンに話を聞いて記事にまとめてほしい**

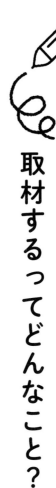

・特定の場所、観光地、施設（ニューオープンやリニューアル）に行って、その雰囲気や内容、見どころなどを記事にまとめてほしい

もちろん「読者が読みたくなるような記事」が求められます。編集者やクライアントと入念な打ち合わせが必要で、多くはやり直しがきかないものですから、行って来て、勘違いした記事を書くと台無しになってしまいます。

また、多くは「写真を撮ってくること」もセットになってきます。広告記事などでは、専門のカメラマンが手配されますが、ウェブ記事などでは自分で撮ってくる必要があります。なので、これからどんどん取材記事を請けていこうという人は、出費になりますが、デジタル一眼カメラを1台持って使えるようにしておくと、仕事の依頼が増えます。プロのカメラマンほどに上達する必要はありませんが、基本的な撮影ぐらいはできるようにしておきましょう。

初めての取材、準備と実践

▼基本的な準備と流れ

では、「人物を取材して記事を書く仕事（人物取材）」の、典型的な準備と流れの例を説明しましょう。

①取材準備

・申し込む前に、取材相手のプロフィールや資料をよく読み、編集者と話し合って取材内容とつくりたい記事内容をまとめておく

②取材相手への「取材申し込み」

・相手の連絡先がわかるときはメールで取材したい旨を伝える
・相手の会社によっては広報などの申し込み窓口に連絡
・公的機関や学校などでは「取材申請書（趣意書）を出してください」と言われることもある。取材先で定められた書式がある場合は、それに従って書く。ない場合はA4のペーパー1枚に「取材者」「媒体名」「取材目的」「質問案」などをまとめてWordやPDFで送る
・取材申請書が必要ない場合でも、基本的に「質問案」は先に送る
・取材OKが出たらスケジュールを確定

③取材前日の準備

・取材相手にリマインドメール（取材訪問の予定を確認）を送る
・ICレコーダー、カメラの電源確認
・名刺、取材趣意書の確認
・訪問先の地図、交通手段の確認

取材申請書見本

神保町フィンテックサービス　代表取締役 すずらん太郎 様

取材趣意書

令和 5 年 8 月 10 日
東京都千代田区神田神保町
同文館ビジネスメディア　記者　神田太郎

拝啓　貴下ますますご清栄のこととお喜び申し上げます。

有限会社ガーデンシティ・プランニングの神田太郎と申します。

弊社は、**「同文舘ビジネスメディア」**（URL http……）の取材と記事・執筆を担当しております。

「同文舘ビジネスメディア」は、2010 年より最新のビジネス潮流、新しいビジネスモデルの情報などを中堅企業ビジネスリーダー向けに配信しているウェブメディアです。（月間 300 万 PV）

この度、「同文舘ビジネスメディア」の人気コーナー**「注目のスタートアップ」**にて貴社を取り上げたく、連絡させていただきました。

ぜひ、すずらん様に取材のお時間を取っていただければ幸いです。

以下、わたし藤木がスタートアップに取材し、書いた記事例です。

よろしくご検討のほどお願いいたします。　敬具

■医療現場を変える医療システム（お茶の水研究社）URL http……
■障害者と健常者が共生できる社会をめざす経営者（神田マリステック）URL http……

- 記事入稿前に原稿内容に情報誤認がないかご確認いただきます。
- また、報道記事ですので一切広告費はいただきません。また、取材謝礼のお支払いもございませんのでご承知置きください。

【取材概要】
(1) 希望取材時期　：令和 5 年 8 月中旬ごろ
(2) 取材方法 ：貴社ご訪問（二人予定）
※デジタルカメラで簡便にすずらん様のお写真を撮らせていただきます。
(3) 掲載予定　：「同文舘ビジネスメディア」9 月上旬に掲載予定（2500 文字ほどを想定）

【想定質問】
質問 1　貴社の事業内容をご説明ください。
質問 2　貴社起業の経緯についてお聞かせください。
質問 3　起業後の課題はどんなことでしたか？　またそれをどうやって乗り越えたのでしょうか？
質問 4　貴社の「すずらんフィンテックサービス」についてその特徴、他社サービスと比較しての強みをお教えください。
質問 5　今後の事業展開、貴社の未来予想図について自由にお聞かせください。

以上

④取材（インタビュー）本番

・挨拶と取材の趣旨再確認
・ＩＣレコーダーで録音させてもらうことの許諾を得る
・原稿確認や記事公開の予定をお伝えする
・記事執筆時に、わからないことやお願い事がでたら質問させていただくと念を押す
・スナップ写真を撮らせていただく／許可を得て社屋の写真等も撮らせていただく
・お礼を述べて、挨拶し退出（ＩＣレコーダーなど忘れないようにする。筆者は、取材先のビルを出てから忘れものをしたことに気がつき、再度入館するのに大変な目に遭ったことがあります）

⑤原稿執筆と入稿

・文字起こし（テープ起こし）作業
・文字起こしした原稿をベースに原稿執筆／タイトル、見出しなどをつけて整える
・作成した原稿を取材相手に確認していただく

・確認した原稿と写真を入稿
・記事が公開されたら取材相手にお礼の連絡。紙媒体なら掲載号をお送りする

⑥請求

・原稿執筆料をメディアまたは依頼者に請求する

どうでしょうか。かなりやることがあると感じたのではないでしょうか。しかも「書くこと」より、そのためのやり取りや準備などが多いのです。これだけの作業を行なうのですから、やはりある程度の報酬を確保しなければなりません。

人にインタビューするとはどんなことか

▼人へのインタビュー、進め方と注意点

あるテーマの事情に詳しい人、その分野に明るい人の話を聞きたい読者は多いものです。そのような人の話をまとめた記事は、メディアでも大きな目玉になり得ます。これから「書く仕事」をはじめる人のために、典型的なインタビューの進め方と注意点を説明します（報道のためメディアに掲載する目的の場合）。

まず、ＩＣレコーダーで録音させてもらうことに承諾をいただき、「報道の取材であり、広告ではないので一切料金はいただきません。逆に取材協力費もお支払いでき

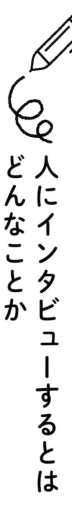

ません」と確認します（取材申請書にも書いておきます）。

また、「掲載前に確認していただきますので、リラックスしてお話しください」と緊張を解きます。掲載前の確認がないときは、「もし話しはじめて掲載しないでほしい内容だったら、〝今のはNG〟と言ってください」と言います。

▼筆者の進め方例

それではスタートですが、基本的には質問案（質問票）の通りに進行し、取材相手（インタビュイー）から話を聞きます。相手に気持ちよく話してもらうのも取材の目的のひとつです。気持ちよく話してもらえると、質問以上にいろいろなことを引き出せて、書くための素材が増えます。**絶えず軽く相づちをして、興味深く話を聞いている姿勢を見せたい**ものです。

また、**事前に相手のことを下調べしておく**と、「今のお話はお書きになった本にも書かれていましたね」というような会話ができ、取材相手に「おっ、よく調べてきたな」と感じてもらえます。

筆者は話を引き出すことに集中したいので、ノートに時折メモを取るだけで、あとで書き起こしたテキストをもとに書くタイプですが、慣れたライター（記者）は、パソコンを開き、聞きながらテキスト化していく場合もあります。また、さらに慣れたライターは、メモを取るだけで、全部書き起こしをしないで、確認したいところだけ聞くという場合もあるようです。

どのやり方がいいとは言えません。自分に合ったインタビュー方法を見つけ出すことです。

途中で、少しわかりにくいことやもう少し聞きたいことが出てきたら、「今のところ、ちょっとよろしいですか？」と聞き直すのですが、慣れないうちはなかなか相手の話を止められないでしょう。相手の話のリズムを感じながら、自然に割り込むようにしたいものですが、タイミングがとりにくいものです。むずかしければ、インタビューの最後にまとめて聞き直してもいいです。

わからないまま、〝なあなあ〟にしないことが大切です。「自分の知りたいことはきっと読者も知りたいことだ」と考えてください。

近ごろは、プレゼンテーション資料を投影して、説明する取材相手も多いです。そうすると「声」として残せませんので、相手の許諾を取って画面を撮らせていただくか、「あとでその資料をお送りいただけないですか？」とお願いします。こういうときはリアルな取材ではなく、ＺＯＯＭなどでの取材のほうが動画を残せてよかったりもします。

そしてここがむずかしいのですが、相手の時間をちょうだいしているのですから、だらだら時間をかけたり、約束の時間をオーバーしたりしないようにしましょう。しかし、聞きたいことを聞けないまま終わってしまっては何にもなりません。時間配分が大事です。筆者は腕時計を外し、タイマー代わりに目の前に置いておきます。

取材、インタビューを終えて記事を書くポイント

▼まずはざっくり記事の骨格を決めてから

取材を終えて、取材相手の文字書き起こしも済みました。ここから本格的に記事原稿を書きます。メディアによっては、インタビューに沿ってそのまま書き起こした記事を求められたり、編集して取材相手の言いたいことをわかりやすくコンパクトにまとめた記事を求められたり、いろいろです。前者の場合は、書き起こした文字原稿を整えて、おかしなところがないかチェックすればいいですが、後者の場合は、まずは記事の骨格をざっくり決めてから書き出さねばなりません。

取材する前に「こういう記事にしよう」と編集者とポイントを話し合ったはずです。そのポイントに沿って、聞いた話を整理していきます。例えば次のような記事の骨格を決めます。

・取材した背景と理由
・取材相手の紹介
・聞きたいことについて取材相手が話したこと①　↓　まとめる
・聞きたいことについて取材相手が話したこと②　↓　まとめる
・①②からわかったこと　↓　まとめる
・まとめ、結び

相手の言った言葉は「」（かぎかっこ）で閉じて記述します。例えば次の（1）（2）のように書きます。

例（1）

私はＡＩが人の仕事を奪うというのは違うと思うのです。
――藤木教授

例（２）

「ＡＩが人の仕事を奪うというのは違うと私は思う」と藤木教授は話した。

この「」（かぎかっこ）の中は、相手が言った通りに書かなければなりません。あとで確認してもらうとき、「こんなことを私は言っていない」と指摘されたら困るからです。もちろん、「えー」や「あのー」という不要な言葉は削っていいです。これに対して「地の文」（じのぶん）で記述すると（３）のようになります。

例（３）

藤木教授は、ＡＩが人の仕事を奪うという意見について、否定的な立場を表明した。

「地の文」とは、主に報道記事で用いられる書き方で、文章の中で会話以外の説明や記述のこと言います。起きている出来事を会話以外で説明する文章です（コトバンクより）。

▼取材相手に確認を取って入稿する

記事原稿を書き上げたら、基本的に取材相手に確認を取りますが、そのとき気をつけなくてはいけないのが、**取材相手には「情報の誤認がないか」だけ確認してもらい、**あれば指摘してもらうようにすることです。取材相手の中には、自分が気に入るように書き換えしてしまう人もいます。こちらがあくまでもメディアのレギュレーションや世界観に沿って書いているのに、それでは困ったことになるからです。

入稿したあと、校閲などで多少文章の言いまわしが変わることもあります。その旨もお伝えしておくといいでしょう。筆者は、「校閲によって多少言いまわしが変わることがあるかもしれませんが、文意は変えないようにしますので、当方にお任せください」と伝えるようにしています。**文意が変わるような修正があるようだったら、**

それは再度取材相手に確認を取る必要があります。取材相手がまったく意図しないことを記事にするとトラブルになりますので要注意です。

▼取材で撮影するとき

撮影ができるライターは重宝されます。特段カメラマンが必要ないような取材で相手のスナップやイベントの模様を撮影できるからです。デジタル一眼カメラがあればいいですが、例えばスマホのカメラでもぜんぜんいけます。

ただし、気をつけたいことがあります。イベント等で風景を撮影するときは「人の顔」が映り込まないようにすること。また、施設などを撮影するとき、オフィスビルなどを撮影するときは許可が必要な場合があるので注意してください。

人物をインタビューしてスナップを撮るときは、会社のロゴがあるところに立ってもらったり、なるべく見栄えのいいところを選んで撮影するようにします。また、無理にでも笑顔を撮らせてもらいましょう。特にウェブメディアでは写真は命だからです。

校正と校閲とは何か

▼校正はタイプミスや表記の誤りをチェック、校閲はファクトチェック

入稿したら、編集者により「校正」ならびに「校閲」がなされます。よく似た言葉ですが、その違いを説明しておきます。

【校正】

入稿した文章を読んで、文字の誤りや、表記ルールに合っていない部分をチェックして修正することです。

【校閲】

入稿した文章を読んで、事実確認を取ります（ファクトチェック＝文書や発言の中で事実として示されている事柄に誤りがないかどうか調べること（コトバンクより））。大まかに言うと、校正は文字のチェック、校閲は内容のチェックというところです。

ライターや著者になって最初の頃は、原稿にたくさんの赤字が入っていてびっくりすることがあります。専門の校閲者は、本当にきびしくチェックしますので、それも勉強だと思ってがんばりたいものです。

ウェブと紙媒体の違いを知っておく

▼ウェブと紙媒体の違い

ここまで主なメディアとして「ウェブ」と「紙」の両方について触れてきましたが、以前は紙媒体がメインで、DTPの導入以前は、編集者が手書きの原稿のフォントを指定し、写植オペレーターが活字にするなど、とても面倒な手順がありました。

もちろん便利になったのはいいことですが、紙媒体がどうして製品になるかの手順を知っておくと、ライターとして仕事の幅が広がるように思いますので、その違いや特性を簡単にお話しします。

ここまでも多少述べてきましたが、紙媒体の特徴は次の通りです。

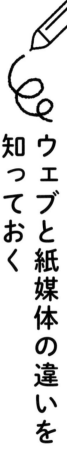

【紙媒体のいいところ】

・(読むための)デバイスが必要ない。電力や通信回線、液晶画面が必要ない
・紙の反射光で読みやすい
・持ち歩けて、受け渡ししやすい
・(一般的に)カラーがきれいに出る(液晶画面より、インクであざやかに表現できる)

【紙媒体の困るところ】

・印刷後、修正ができない
・情報量に制約がある(ページあたりの文字量や図版、写真などに制限がある)
・かさばる(特に本になると重く、かさばってくる)
・検索がしづらい
・資源を使う

▼紙媒体で仕事を請けるときにどうするか

紙媒体には、チラシやパンフレットなどの1枚ものか数ページものの小冊子、雑誌、書籍などのページものがあります。

1枚ものや数ページものの紙媒体では、レイアウトとそこに入れるべき内容を編集者あるいは制作ディレクターが決めていきます。そしてそのラフな構成をデザイナーに渡し、目的に合わせてデザインしてもらいます。そうすると、「文字数」が決まります。その文字数に合わせてライターがライティングします。

ライターは、ウェブメディアより厳密に文字数を守らなくてはなりません。多すぎるとはみ出しますし、少なすぎると変な余白ができてしまいます。ライターは文字数を合わせるというスキルを身につける必要があります。

また、ウェブメディアと違い、紙には「うらおもて」と「ページめくり」が存在します。変なところでページが切れたりしないように、やはり文字数に気をつけなくてはなりません。

これが、数百ページにわたる書籍となるとさらに大変です。横書きの書籍は「左開き」、縦書きの書籍やマンガは「右開き」などの違いがあり、見出しの設定やコマ割りに気をつけなくてはなりません。

これらはライターや著者ではなく、編集者が気をつけてくれ、主な作業をやってくれるのですが、「本をつくる」という作業チームにおいては、ライターや著者も意識しておくといいことではないでしょうか。

著者として本を書き、出版されるまでの流れ

▼出版社とのやり取りを経て自著が出版されるまで

本章「著書を出すためのアプローチ」（217ページ）で触れましたが、書くことが好きな人で、「やがては自分の本を書きたい」と思っている人が、出版企画書を提出し、採用されてから商業出版するまでの流れを整理します。

■出版社（編集者）へ出版企画書提出

■出版社の社内会議で出版決定

・ここで多少内容の手直しが必要になることが多い

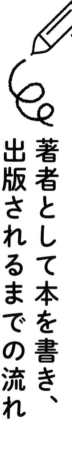

・出版社では、書店営業担当者の意見も重く取り入れられる

■**執筆開始**

・あらかじめ決めた目次案（章立て）に従って書きはじめる
・何章か書いたら編集者と方向性を確認
・執筆がある程度進んだら、図版やグラフ、イラストなども相談

■**脱稿**

・原稿ができ、締め切りまでに編集者に提出

■**初校**

・編集者が赤入れ（あかいれ）したゲラ（校正紙）を渡される（近年はＰＤＦのことも多い）
・赤入れに答えながら、自身でも修正
・修正完了したら編集者に戻す（初校戻し）

■**再校**

・修正したゲラ（校正紙）を渡されるので確認
・さらに修正箇所があったら対応

・修正が完了したら編集者に戻す（再校戻し）
・このあたりで表紙やタイトルについて打ち合わせ

■念校

・最終的にここまでの修正を反映した（校正紙）を渡されるので念のため確認
・大きなミスや抜けがないか確認（これがあったりする！）
・確認したら編集者に戻す（念校戻し）
・このあたりで発売日が決まる

■校了

・印刷・製本段階に入る

■発売

・出版契約書を交わす（なぜか出版社とは校了後に契約書を交わすことがふつう）
・発売前に見本の書籍が届く
・書籍はアマゾンなどネット予約が先行するが、書店に並ぶ日時はバラバラ
・著者として書店へのチラシやＰＯＰづくりなど、販促面も協力する

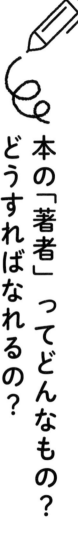

本の「著者」ってどんなもの？どうすればなれるの？

▼著者は「選ばれる人」。ではどうやって選ばれる？

本書では、「経済活動」としての「書く仕事」を説明していますが、その中でも、もっとも経済活動としてわかりやすいのが、1章「『書く仕事』の種類④ 作家・著者・原作者」（37ページ）で紹介した「商業出版」です。**本の売上がそのまま出版社や書店の売上、著者の収入に反映する**のですから。

では、その商業出版の「著者」になるにはどうしたらいいかということです。前項では出版企画書を提出して採用される、というパターンを説明してきましたが、実はこれはなかなかハードルが高いです。

基本的に「著者は出版社に選ばれるもの」です。最終的に、出版社が「この本を出したい（ビジネスになる）」と判断しないと話は進みません。

なぜなら出版社は、印刷や製本など出費のリスクを負って本を出版します。その売上で社員に給与を払い、会社事務所の家賃を支払うのですから、本が売れないと会社が成り立ちません。まさに経済活動です。そんなリスクを負って出してもいいと思う著者を探し、執筆してもらうように進めるわけです。

そうすると、多くなるのは**「出版社側から依頼するパターン」**です。もちろん、それがすべてではありません。ここまで説明したように、**著者（になりたい人の）側から「こんな本を書きたい」という出版企画**が持ち込まれ、出版者側が「よし、やってみよう」と納得して出す場合もあります。

また、出版社と著者になりたい人をつなぐ、**出版プロデューサーやコーディネーター**という存在もあります。つまり「第三者のあっせん」で著者になるという道もあるのです。彼らがプロデュースした著書の出版が決まったら、印税の何パーセントあるいは一定の金額を申し受けるというビジネスです。ではこれら3つのパターンを分析してみましょう。

①出版社側から著者に依頼するパターン（プロ野球で言えばドラフト指名）

プロ野球でたとえると「ドラフト指名」です。「ぜひこの人に書いてもらいたい」と指名されるパターンです。その「この人」になれば声がかかる可能性は高いです。

例えば次のような場合です。

- **旬の話題、流行などにぴったりの著名人**
- **出版すれば社会的に大きな注目を集めそうな人**
- **著名人でなくても、これから起きるムーブメントに関わりそうな人**
- **著名人でなくても、特定の分野で知見や才覚を持つ人**
- **これらのどれかにあてはまる人で、雑誌やウェブ連載などですでに書きものをしている人**

このような人を出版社は常にリサーチしています。著者になりたい人は、「リサーチされやすい状態」に身を置くことが必要になるわけです。

②著者側から出版社に依頼するパターン（プロ野球で言えばテスト入団）

プロ野球でたとえると、入団テストを受けて入るパターンです。もちろんテスト入団で大成功した選手もいるように、企画を持ち込んで成功した例もあります。ではどんな企画がいいのでしょう。ドラフト指名の「この人」のパターンが参考になります。

- **旬の話題、流行などについて書ける・書きたい**
- **出版すれば社会的に大きな注目を集めそうな本を書ける・書きたい**
- **これから起きるムーブメントについて書ける・書きたい**
- **特定の分野で知見や才覚を持っていて、それについて書ける・書きたい**
- **これらのどれかについて、すでに何か書きものをしている**
- **加えて、SNSや組織などで販売が見込めるネットワークを持っている**

これらのことが出版企画書でうまく訴求できれば、企画書を読んでもらえるところまでいくのではないかと思います。

③第三者があっせんするパターン（プロ野球で言えば代理人による入団）

プロ野球でたとえると、代理人がチームを紹介してくれるパターンです。出版コンサルタントやコーディネーターがその代理人にあたります。**自分のことを客観的に評価してくれ、どうすれば出版社に「この人だ」と思わせるかプランを練ってくれ、売り込みをかけてくれる**はずです。自分であちこちあたるより、成功率は高いですが、成功した場合は対価の支払いが必要です。

ただし、高いコンサル料を取る怪しげな出版コンサルタントもいますのでご注意ください。「確実に出版できる！」などの誇大な言いまわしや、やたらと高い前金の提示には、警戒するべきだと思います。

著者として原稿を書くときのポイント

▼本格的に書く前のポイント

本来は出版企画書を書く前がいいのですが、本格的に書き出そうとする前でもいいので、**大きな書店に行って、自分が書こうとするテーマの本がどのように並べられているのかをチェック**します。その書店が売りたい本が前面に出てきているはずです。世間のトレンドを知るには書店に行くのが一番です。

そして、1冊の本を書くとき、気をつけなくてはいけないのが、**「話があっちこっちに飛ぶ」「話に一貫性がない」こと**です。その結果、「この著者は何を言おうとしているのかよくわからない」または「言いたいことがぼけてしまい、読者に伝わらない」ということが起こります。

対処法は人それぞれですが、筆者は「チャート」を書きます。1本の長く大きな矢印が一番言いたいことで、最初から最後まで変わりません。そして、「章」の数だけブロックをつくり、「この章で言いたいことはこれ」と短い文でまとめます。ある種の地図みたいなもので、迷ったらここに戻ります。

▼書き出してからのポイント

1冊の本は10万文字にもなります。そんな長い文章を書くことは、人生のうち、そんなにないのではないでしょうか？

ここは「がんばってください」としか言いようがありませんが、筆者は「まえがき」と「本章の書き出し」に大きな力を注ぎます。書店で本を選ぶ人の姿を考えるからです。超ベストセラーなら何も読まず買って行くでしょうが、ふつうの書籍なら、まず本を手に取って、パラパラと目次と「まえがき」を見る人が多いと思います。そこが面白くなかったら買うのをやめますよね。なので、「まえがき」と「本章の書き出し」にはそうとう時間をかけますし、何度も書き直しますので、なかなか本格的に書きはじめられないというのが筆者の場合です。

また、書き出してから、別の本などから引用したり、資料を使ったりすることもあると思います。それらはすべてメモを残しておきます。出典をきちんと文章内に記載しなければならないからです。最後になって出典資料の整理を行なうのは大変です。

▼見直すときのポイント

ある程度書き終わったら読み直します。直したいところがいっぱい出てくるはずです。細かい修正点などは編集者が指摘してくれるでしょうから、著者として見直すところは次のポイントだけです。

「本当にこれで自分の言いたいことが伝わり、読者を動かすことができるのか？」

見直してみて、悩むこともあると思います。それでも、まず最後まで書き進んで、編集者の意見も聞きながら、修正したり、順番を入れ換えたりしていくしかありません。そうするとやはり「いい編集者」とタッグを組むことが大切になりますが、初めての著書のときは、どんな編集者に出会うかは運としか言いようがないです。答えのない話になってしまいました。まずは自分でがんばって書くことからですね。

書籍を書くブックライター（ブックライティング）の仕事

▼実はあの本もブックライターが書いたもの？

前述のように、自ら企画を提出するような著者候補ではなく、出版社として「ぜひ今、話題の有名人の本を出したい」と著者候補にアタックすることがままあります。しかし、そういう「今、話題の有名人」というのは多忙で本を書く時間など取れないことが多いものです。また、そもそも本を1冊書けるかどうか怪しい場合もあります。そんなとき出版社は、ブックライティング（著者の代わりに本を書くこと）ができるライター、つまり「ブックライター」に声をかけます。

ブックライターは著者に取材し、著者に成り代わって1冊の本の原稿を書き上げます。取材にはかなり時間がかかります。2時間のインタビューを5回以上することもあります。それでも、著者にとっては、実際に本を書くよりは効率的だからです。

成り代わって書いたとしても、できた原稿を著者がチェックして修正します。また、著者が話したことがすべて事実とは限りません。ブックライターは自分でも著者が話したことの裏を取って、著者に改めて確認を取らなくてはなりません。

ちなみにブックライターは「ゴーストライター」と呼ばれていた時代もありました。作業としては近いものではありますが、本にゴーストライターの名前が載ることはまずありませんでした。印税ももらえず1回きりの原稿料で終わりがほとんどです。しかし、現在は前述のように、情報の整理や確認に責任を持って書くことから、本にも協力者として名前が出たり、印税の一部が支払われたりすることも増えてきました。

7章

「書く仕事」で知っておきたいお金のこと

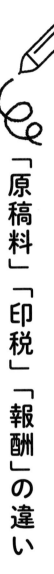

「原稿料」「印税」「報酬」の違い

▼原稿料はこうして振り込まれる

「書く仕事」をはじめるときは、「お金」のことも多少知っておかなくてはなりません。ライターとして仕事をしたら、**「原稿料」**を請求します。原稿料とは、「執筆した原稿の対価」として支払われるもので、原稿の分量、納期、取材のあるなしなどに応じて「1本3万円」のように、仕事がはじまる際に発注者と取り決めます。「ひと文字○円」のように決めることもあります。

その取り決めは、メールなどで明記してもらいますが、本来は「発注書」（仕事を依頼する側が条件を記した文書）をもらっておいたほうがいいです。その理由はあとで述べます。
また、ブックライターのように、本をまるごと1冊請け負って書いて、仕上げるような場合には、**「業務委託費」**として支払われることも多いです。

これら原稿料や業務委託費を含む、幅広い仕事の対価として**「報酬」**という言葉が使われます。ライターとしては原稿料がメインになりますが、撮影、企画などいろいろな業務を請ける場合もあります。それらで受け取る金額をまとめて「報酬」と呼びます。

また、個人として仕事を請ける場合、**報酬から源泉徴収税額が差し引かれます。**その金額は「源泉徴収税額＝報酬額×10・21％」となり、その内訳は、10％が所得税で、0・21％が復興特別所得税（2037年12月31日まで）となります。例えば5万円請求すると5105円が差し引かれます。これは、原稿料を支払う事業者がライターに代わって納税することになります。

こうして原稿料を受け取ると、支払う側の事業者から1年分の支払い調書が翌年のはじめに送られてきます。これは、1年間に支払われた報酬額と源泉徴収額をまとめて記載した書類で、確定申告するときに用います。つまり、**差し引かれた源泉徴収金額は、確定申告によって戻ってくることもある**ので、大事な書類です。

ところで消費税はどうするのか？　これはインボイス制度が2023年10月からはじまるので、後述します。

▼著者への印税はこうして計算される

本の著者として受け取る場合は、多くは**「印税」**になります（ブックライターも受け取る場合があります）。これは「本の売上に対しての対価」として支払われるもので、**「著作権使用料」の意味合い**です。原稿の分量は関係ありません。かみ砕いて言うと、「あなた（著者）が書いた著作物を使ってビジネスをしますので、そのビジネスの一部を対価としてお支払いします」ということです。本の著作権は基本的に著者が持っているのです。

著者は、**「書籍の価格」×「初版（本として初めて刊行されるもの）の発行部数」×「印税割合」**を印税として、本の出版直後に受け取ります。出版業界の通例として、本がいくら売れるかに関係なく、印刷して発行した部数の印税を著者に支払います。支払いはどの出版社も、だいたい本が発売されて2～3ヶ月になります（発行後半年たった時点での実売数で支払額を計算する出版社もあります）。

順調に本が売れて、重版（じゅうはん。本が追加で印刷されること。「ましずり」と言ったりもします）が決まったら「本（書籍）の価格」×「重版の発行部数」×「印税割合」が印税として著者に振り込まれます。

▼電子書籍の印税はこうして計算される

少し違うのが、電子書籍における印税の支払い方法です。多くの出版社では、本の新刊を出すとき、同時に電子版も発行します。その支払いは「ストアでの販売価格」×「売上部数」×「印税割合」となることが多いです。つまり、「売れた分だけ支払われる」ことになります。この「印税割合」は、紙の本が5～12％ぐらいに対して、電子版の場合は15％以上が提示されることが多いです。

ですので、電子書籍の発行時は印税がもらえませんが、何もしなくても意外と長期間にわたって印税が振り込まれてきます。〝塵も積もれば山となる〟です。筆者もパラパラと毎月いろいろな出版社から電子書籍の印税をいただいています。

驚きなのが、アマゾンの「キンドル」の仕組みです。キンドルでは「一定金額を払うと読み放題」というサービスがあります。筆者の電子書籍による著書も何冊か登録されていますが、「どれだけのページを読まれたか」で印税を計算して、きちんと出版社に支払っているようなのです（正確な仕組みはわかりませんが）。筆者にも出版社からその「分け前」が振り込まれるわけです。電子書籍として長く生き残れば、それが収益になるということがわかります。「書く仕事」の戦略として、電子書籍も考えていきたいものです。

▼原稿の二次使用について

ライターとして原稿を書いて原稿料を受け取ると、そこでいったん終わりですが、その原稿が、例えばウェブコンテンツとして再利用されたりするときに、「二次使用料」を請求することがあります。なぜなら、自分が書いた原稿は、基本的には自分に著作権があるのです。しかし、多くの場合、原稿を依頼する事業者は、最初に「著作権を放棄する」、つまり「勝手に二次使用しても構わない」という契約を結ぶよう求めてきます。最初はしかたないと、それに応じるしかない場合が多いです。

お金のやり取りの基本知識──発注・請求・入金確認、インボイス

▼業務委託契約を結ぶ

まず、「きちんとした会社」（上場会社など法人として信用がおける会社）と個人で取引するときは、業務委託契約書を結びます。内容は千差万別ですが、「業務上知り得た秘密はほかに漏らさない」とか「著作権は放棄する」など、基本的な決め事が書いてあります。

大事なのは**「支払いサイト」**です。「いつまでに納品したものは、いつまでに支払う」というもので、きちんとした会社で多いのが「月末締め翌月末現金振込」となります。

また、きちんとした会社なら**「マイナンバーの提出」**を求めてきます。少し面倒ですが、その会社の所定の手続きに従って提出します。なぜいちいち「きちんとした会社」と書くかというと、「きちんとしていない会社」もけっこうあるからです。「きちんとしていない会社」は支払いにルーズなことが多いです。せっかく仕事をしてもお金が振り込まれないというライターの相談をよく受けます。

例えば3万円ぐらいの金額だと、訴えるほうが費用がかかってしまいます。「きちんとしていない会社」はそれを待っていて、踏み倒そうとしているのですね。筆者も2回ほど踏み倒されそうになりました。

だいたい口頭で頼んできて、証拠を残さないのです。それであとになって「今は払えない」とか言い出すわけですね。これは笑えない話で、けっこうあるのです。ですので、上場会社などきちんとした会社と取引するのが一番なのですが、なかなかそうはいかないものです。

ですから、取引するときには**「発注書を出していただけませんか？」「支払いサイトを教えてください」と確認してから**はじめたほうがいいです。この点は、「少し細かいヤツだな……」と思われても構いません。残念なことに善意が通用しない取引相手もたくさんいるのです。

きちんとした会社であれば、「仕事を依頼したいので見積書を出してほしい」と依頼してくることもよくあります。そのときは、ＷｏｒｄかＥｘｃｅｌで見積書や請求書のフォーマットを探し、見積金額を記入してＰＤＦにして送ります。

▼基本的に発注書をもらおう

電話やメール等での相談の上、「原稿を書いてください」という正式な依頼がされるときは、きちんとした会社（上場会社など）なら、口頭やメールのやり取りだけでなく、「発注書」を発行してくれます（現在ではほとんどがＰＤＦ）。

そこに、発注者の住所や名称、担当者名が記載されており、依頼される業務内容と数量、金額が示してあり、納期や支払サイト（月末締め翌月末払いなど）も記載されているはずです。これが、**「確かに仕事を頼みました」という証拠**になるのです。

まれに、「請書（うけしょ）を出してください」と言われることもあります。これは、ライター側が「発注書の内容を確認しました。納期通り納品いたします」と記した文書を出すことです。現在ではそこまで求めてくることは少なく、メールで「お請けします」と返信すればOKなことがほとんどです。

発注書を出してもらうことは実はとても大切で、あとで「条件が違う」「何日に振り込みがされていない」など、もめないようにするためです。小さな会社や個人事業主などは出さないことも多いですが、これがあとでもめる原因となります。せめてメールのやり取りで構わないので、口頭ではなく、メール文面に条件などを書いてもらい、**発注された証拠を残しておく**ようにしましょう。

▼納品したらライターから請求書を出す

納品して先方に確認されたら、**発行日付・住所・氏名・納品物と納品した数量・単価・合計額、振込先の銀行口座を書いて、請求書を送ります。**

Ｗｏｒｄやｅｘｃｅｌのフォーマットで請求書をつくり、ＰＤＦにしてメールに添付して送ることがふつうになりました。クラウドソーシングの場合は決まったフォーマットがありますから、それに従って書き、提出します。

請求書はきちんと取引先別にフォルダに分類しておきましょう。規模が小さな副業では、プリントアウトしてファイリングしておいてもいいでしょう。

また、資料や必要な資材を買ったりした場合は、領収書を残しておきましょう。打ち合わせのための喫茶代や交通費も費用になります。誰と打ち合わせしたか、どこに行ったのかをメモしておきましょう。クレジットカードの控えでもかまいません。

「仕事をするのに使ったお金の伝票」と「仕事をして入ってきたお金の伝票」についてては、わかりやすく整理しておくことをおすすめします。順調に仕事が増えると「確定申告」をしなくてはならなくなるかもしれません。そのとき、請求書や使った費用額が必要になってきます。

さて、現在、個人事業主の人は、請求時に原稿料に消費税を乗せて請求することがふつうになっています。これが２０２３年10月から「インボイス制度」によってちょっと変わるのです。

▼インボイス制度について

おおまかに説明すると、2023年10月以降は、「税務署に『自分は消費税を納める事業者です』と登録した人」がその登録番号を請求書に書かないと、消費税を請求できなくなるのです。その**登録番号を書いた請求書を「適格請求書」**と言います。税務署に登録すると、今度は消費税を納めなくてはなりません。

そして、取引先は「適格請求書」でなければ受け付けてくれなくなる可能性があります。もしくは、消費税を請求しないようにするかどちらかを選ばなくてはなりません。

2023年5月現在、問題になっているのは、小規模事業者が消費税を納めなくてはならなくなると（数十万円になる可能性が高い）、商売をやっていけないという声があがっているからです。10月になってみないとわかりませんが、猶予措置や緩和措置がとられるかもしれません。頭の片隅に置いておきましょう。

▼副業所得が20万円を超えなければ確定申告しなくてもよい

多くの人は副業でライターをはじめるでしょうから、1年間にライター（その他の副業と合わせて）をやって得た「所得」が20万円を超えなければ、確定申告しなくてもよいのです。

「所得」というのは「収入」ではなく、「収入」から「仕事をするのにかかった費用」を差し引いた残りの金額です。

例えば、ライターで得た年間収入が30万円でも、かかった費用が12万円であれば「所得」は18万円となって、原則、確定申告をしなくてもよくなります。しかし、この場合も領収書や請求書は取っておきましょう。

ライターで得たお金は確定申告する？（副業・本業）

前述の「仕事をするのにかかった費用」には、取材にかかった交通費や宿泊費、文房具費、打ち合わせの喫茶店代などが原則「費用」として認められるはずです。「こうすれば問題なく費用として認められる」とは明言できませんが、**「仕事に使った」と証明できるものはすべて領収書としてファイリングしておく**ことをおすすめします。なぜなら、税務署の見る目がきびしくなっているからです。副業で大赤字を出して還付金を取ろうという人がいて、それが問題になっているのです。

ライターとしてお金をもらったら、あなたが確定申告をしなくても、あなたに報酬などを支払った会社は税務署にそのことを届けています。つまり、あなたに収入があったことは、税務署は把握しています。なので確定申告しなくても、仕事に使ったという証拠である領収書などの支払いに関するものは、しばらくファイリングしておいたほうがいいと思います。税務署から問い合わせがあったとき、きちんと対応できるようにするためです。

こんなことを書くと怖がられるかもしれませんが、ルール通りやっていれば何の問題もありません。税務署から問い合わせがあっても説明できればいいのです。

▼個人事業主になると青色申告か白色申告をする

ライターとして順調に仕事が入ってきた場合、個人事業主として税務署に届け出る判断をするかもしれません。その場合、確定申告が必須となります。簡単なのが白色申告で、ふつうの確定申告とそう変わりませんが、控除などがあまりありません。

一方、青色申告は事前に税務署に届け出をして承認を得る必要があり、複式簿記で帳簿をつけることが義務付けられています。確定申告時に出す書類が多くけっこう大変ですが、特別控除（65万円）や赤字が3年間繰り越せるなど優遇措置があります。

どうやって仕事を広げていく？収入を増やす方法

▼新たな得意ジャンルを開発する

クラウドソーシング経由か人的ネットワーク経由で、ライターとして「書く仕事」をはじめ、「これは面白い。もっと仕事を広げていきたい」と感じたら、いくつかやることがあるので、列挙します。

- **汎用のライタープロフィールをつくる**
- **ポートフォリオ（仕事の実績）をつくる**
- **ライターとしてのSNSをはじめる（またはライターをプロフィールに組み入れる）**

・ライターの名刺をつくる
・屋号を持つ
・現在のトレンドと好きなこと、得意なことを見渡して、「新たな得意ジャンル」を開発する

プロフィールをつくったり、SNSを利用したりすることは説明不要ですね。名刺や屋号も、副業であれば「2枚目の名刺」として持っておくと、人的ネットワークを広げるのに役立つと思います。一番むずかしく、手をつけにくいのが、最後の「トレンドと自分の得意を分析」して、新しいジャンルを開発していくことです。しかし、「書く仕事」を続け、広げていきたいという人には強くおすすめしたいことです。

▼筆者が〝清水の舞台から飛び降りるつもり〟で請けた仕事

自分語りで申し訳ないのですが、筆者の経験を述べますと、文系出身であり、そもそもコンピューターに苦手意識がありました。パソコンを触り出したのも30代半ばです（1990年代中盤）。ところが音楽が好きだったので、パソコンで作曲できることがわかり、そこから趣味としてパソコンを使い倒し、まあまあ触れるようになったレベルでした。

そのころに、「IT関係の記事を書いてほしい」という依頼が来て、最初は尻込みしたのですが、「もうまったくわからない世界ではないよね」と、清水の舞台から飛び降りるつもりで請けました。

これは当時のクライアントである編集者との相性がとてもよかったことも大きな要因ですが、その仕事を請けてから、みるみるクライアントが増えていきました。筆者の文系出身であることがうまく働き、「文章がわかりやすい」と評価されたのです。

もちろん、本当にITの知識がある人にはかないません。仕事の中でミスもありました。しかし、そうして足を踏み入れなかったら、その後の仕事の8割はなかったでしょう。とっくにライティングの世界から逃げ出していたと思います。

少し違う角度からのアドバイスになりますが、**「これはちょっとむずかしいかもしれない」と思う仕事を請けるのが、意外と自分を伸ばすチャンス**だと思います。タレントのタモリさんの言葉で、筆者が「ああ、そうだな」と思ったのが次の言葉です。

「『自分にこれくらいの力がついたらこれくらいの仕事をしよう』と思っても、その仕事は来ない。必ず実力より高めの仕事が来る。それはチャンスだから、怯《ひる》んじゃだめ」（『困ったココロ』さくら剛　サンクチュアリ出版）

「このジャンル、書いてみませんか？」と声がかかったけど、「ちょっとむずかしいかな……」と感じるような仕事は実はチャンスかも、ということですね。ひょっとしてこれはライティングの仕事に関係なく、仕事全般に言えることなのかもしれません。

8
章

また頼みたくなる
ライターの要素

仕事が途切れないための ポイントは？

▼発注者の気持ちや立場を理解し、小さな成功を与え続けること

「書く仕事」を続けていきたい。仕事が途切れないようにしたい。そのためにはどうするか？　ここまで述べてきたことと重なりますが、筆者がたくさんライターを見てきて、また仕事をお願いしてきて、自分も何十年と取引してくださるお客様を持ってみて、考えたことをまとめてみます。

▼「書く仕事」は「経済活動」と理解していること

1章から、再三述べてきたことですが、まずこのことをきちんと認識しているかどうかです。「書くこと」というのは、どうしても自分の気持ちや考えが入り込みがちです（それが悪いことではありません）。しかし、「お金をいただいて『書く仕事』をする」というのは、経済活動であり、依頼してくれた編集者や企業の担当者はそれで生活しているのです。彼らの目的に沿うように、チームの一員として「書く仕事」をする機会を与えられたわけです。もちろん、「相手の言いなりになれ」ということではありません。もし意に沿わない案件であれば断ればいいのです。心にひっかかる相手であれば取引をしなければいいのです。

ライターは、大工さんとか板前さんとか、職人に近い立場だと思います。経済活動と理解した上で、いかに自分の腕を振るっていいものをつくりあげるかどうか。そんな姿勢の人は大切にされるはずです。

▼編集者や担当者に小さな成功を与えること

編集者や担当者の方針に沿って、書いた記事の質が評価されたり、ウェブメディアで目指す結果（ＰＶ数や顧客獲得数など、いわゆるコンバージョン）が達成できたりすると、編集者や担当者は社内で高く評価されます。筆者は「小さな成功」と呼んでいます。クライアントに「小さな成功」を与えることが、仕事が続くポイントです。

もちろん、編集者や担当者によって目指すものはいろいろ違うでしょうし、「小さな成功」なんてどうでもいいという人もいるでしょう。なので、よくコミュニケーションをとって、「この人はどうしたいのか？」ということを推測することが必要になります。

１００人いれば１００人違うでしょうが、相手が会社員である以上、会社から評価されることを嫌がる人はほとんどいないでしょう。

▼スケジュールを守ること

この点も何度も書いてきましたが、編集者や担当者の多くは会社員であり、会社に所属し、会社のスケジュールに沿って計画を進めています。もしあなたが会社員であればどうでしょう。いろいろな困り事の中で「スケジュールが狂ってしまう」というのは、かなり上位の困り事ではないでしょうか。他の部署に迷惑をかけたり、自分の負担が大きくなったりします。

つまり、大御所ライターや作家でもない限りは、スケジュールを守らない人は編集者や担当者にとってストレスでしかありません。表面上、「しかたないですね～」と言ってくれても、心の中では「もうこのライターに仕事を依頼するのはやめよう」と考えているはずです。

▼相性のよさそうな編集者や担当者のネットワークに関わる

もうひとつ仕事が途切れないポイントをあげておきます。〝世渡り〟みたいな方法で嫌がる人もいるかもしれませんが、もし相性のよさそうな編集者や担当者と出会えたら、その人の所属する会社やイベントになるべく顔を出すことです。

仕事を獲得するためには、人的ネットワーク、つまり人の紹介がかなり大きな役割を果たすことは再三述べてきました。相性のいい編集者や担当者のまわりには、同じように「書く仕事ができる人はいないか」と探している人がたくさんいる可能性が高いのです。そんな人たちに一度でも挨拶しておくと、何らかのアプローチがある場合が多いのです。この辺は、営業出身者である筆者の嗅覚みたいなものかもしれません。

▼編集者・担当者はいなくなるときもある

また編集者や担当者は、いつかはいなくなります。年齢を経て部署が変わったり、現場を離れたりします。引き続きメディアや企業とお付き合いしたくても、人が変わってしまったらそこでおしまいということも少なくありません。こうしてネットワークを広げておくと、たとえ直接の編集者・担当者がいなくなっても、変わらずに仕事を請けられる可能性があります。

相性のいい編集者や担当者とのコミュニケーションを密にしておけば、たとえその人たちが転職しても、新たな場で「書く仕事」を発注してくれることも少なくありません。筆者の知り合いの担当者は何度転職しても、その転職先から「書く仕事」を発注してくれました。

発注者が安心する仕事の進め方

▼ファクトチェックの習慣をつける

別の角度から「仕事が途切れないライター」を考えてみます。発注者（編集者や担当者）が安心して仕事を進められるように心がけるライターには、なかなか仕事が途切れないでしょう。本書には、たびたび「校正」「校閲」という言葉が出てきます。特に、情報の正しさを確認する「校閲」ですが、メディアによっては徹底されていない場合もあるようです。また、校閲担当者が見逃してしまう場合もあります。最終的に情報発信の責任はメディアにありますが、「書いたライターには責任はありません」という態度は許されないと思います。そんな意識で自分の書いた原稿のファクトチェックを行なうライターは、メディア担当者や編集者にとって助けになるはずです。自分でファクトチェックをしたら、その**経緯や出典を原稿に残しておく**と、メディアの校閲担当も助かるでしょう。

例えば、書いた原稿の中に「2021年、中国で発売された自動車のうち電気自動車の割合は11%」などという記述があったら、「本当にそうなのか？」と信頼できる公開情報で確認を取ります。できたら複数の情報で確認します。そして確認したら、「この数字はここから取りました」などURLをコメント欄に書いておくといいでしょう。

信頼できる公開情報とは、大手新聞社の記事（基本的に新聞社はそもそも情報の校閲をしています）、官公庁統計資料・白書、上場企業調査資料などです。筆者は「コトバンク」も使います。こんなことはネットですぐできることです。

校閲に関する逸話ですが、しっかり校閲をしていることで有名な出版社、新潮社では、こんな事実確認まで行なっているそうです。新潮社ホームページより引用します。

〈東京から名古屋まで、自動車では高速道路を利用してもこの時間には到着しません〉〈主人公の自宅がマンションの1階に設定されていますが、前作の住まいは2階でした。（引っ越したのでしょうか？）〉

なかなかここまではできないですが、「これだけ新潮社はしっかり校閲をしているんだ」という姿勢がわかり、出版社や媒体としてのブランディングにもなっていますね。

▼「不適切な表現」に気をつける

記事の中に「不適切な表現」、例えば差別的な用語が混じっていると、メディアでは掲載できません。炎上につながりかねない問題が「不適切な表現」です。こういったことに気をつけるライターが重宝されることは間違いありません。

しかしこれはなかなかむずかしい判断です。**人を誹謗中傷する**だとか、**暴力的な表現**などはすぐにわかるでしょうが、近年は**ジェンダー問題など**に非常に気を遣うところです。また**人権に関わるもの、**さらによく使う言いまわしなどが**実は身体の不自由な人を傷つけていた**などというものがあります。

例えば、「片手落ち」というような表現は避けます。これは本来は差別的な用語ではないという意見もあります。ただし、筆者はライティングの仕事では、言い換えることが可能なら、誤解を招きかねない表現は避けるようにしています。「何が差別かそうでないのか？」という判断は非常にむずかしいことですが、「書く仕事」でお金をいただく以上、メディアの意向を大切にします。

では、どんな用語が差別的なものなのか？　出版社によっては社内限定の注意ワード集を持っているところもあるかもしれません。

まずは官公庁のウェブサイトを見てみるといいのではないでしょうか（2023年5月現在）。

・法務省「ヘイトスピーチ、許さない。」
https://www.moj.go.jp/JINKEN/jinken04_00108.html

・奈良県橿原市「【改めてもう一度】　言葉づかいを考えてみませんか～人権尊重のために～」

https://www.city.kashihara.nara.jp/soshiki/1057/gyomu/3/4/1066.html

筆者は、表現活動は本来自由だと思っています。あまり制約ばかりを気にしてライティングするのもどうかとは思います。しかし、何度も繰り返しになりますが、経済活動の中でライターとしてチームに加わっているわけですから、チーム全体の苦労を簡単に台無しにするわけにはいきません。どうしても表現者として守りたい「自分の表現」があればチーム責任者に相談して、お互いに納得できなければ、そのチームを離れてお金を受け取らないことです。

まず「不適切な表現」がどんなものか、前記のホームページなどである程度理解した上で仕事に取り組み、ライターとしてどうしても守りたい表現については編集者や担当者と相談しながら進めるのがプロフェッショナルというものだと考えています。

最低限押さえておきたい著作権などの知識

▼書いた記事の著作権はあなたのもの

著作権は大変難解な問題で、法律の専門家が語るような話ですので、筆者がそのすべてを説明できるわけではありません。しかし、「書く仕事」をやっていく上で、常識として知っておくべきことを述べておきます。

まず、頭に入れておきたいのが、**「自分の書いた記事の著作権は基本的に自分にあること」「他人の著作権を侵害しないこと」**、このふたつです。

あなたが書いた記事は基本的にあなたのものです。なので、他人が勝手に使うこ

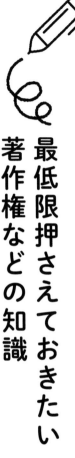

とはできません。それではある雑誌に記事を書いたところ、そのウェブメディアにも記載されてしまったという場合はどうなのか。これは、契約のときに、「メディアはライターに○○円の費用を支払う」「ライターは著作権を行使しない」と書いてある場合です。つまり、メディアがライター側に断りなく納品された記事を二次使用しても構わないと認めたことになります。

しっかりした会社やメディアはきちんとそういう契約をしますが、なあなあにしている会社もままあります。本来なら、ライターに断りなく別メディアで使用された場合は、二次使用の費用を申し受けるべきです。

同じように、書く立場のあなた（ライター）も、他人の著作権を侵害してはいけません。簡単に言うとネットの記事をパクったりするとそれは犯罪になります。

しかし、ぜんぜんダメなのかというと「引用」というルールがあります。この引用については次に述べていきます。「転載」や「参考」などと何が違うのでしょうか。

「引用」「参照」「参考」の違い

▼「引用」はルールを守れば自由にできる

まず「引用」ですが、〝いろいろな著作物から自由に「引用」しても構わない〟という大原則があります。よく「無断で引用した」とか言われますが、それは誤りで、引用はルールさえ守れば構わないのです。そのルールは次の通りです。

- **他人の書いた文章と自分の書いた文章を明確に分けること**

引用した部分をカッコで囲んだり、文字のフォントや色を変えたり、明確に「ここが引用した部分ですよ」と明示しなくてはなりません。

・引用した文章は勝手に改変しないこと

改変せず「そのまま」の状態で引用しなくてはなりません。少しでも変えたらそれは引用でなくなりアウトです。もとの文章に誤字や現代ではあまり使わないような言いまわしがあったら、そのまま引用して（ママ）や（原文ママ）とつけておきます。

・自分の書いた文章がメインであり、引用した文章がサブであること

あくまで自分が言いたいことをメインにして、その根拠として示したり、事例として紹介したりするために引用するのがルールです。分量的にも、メインの文章より、少ないことが望まれます。あまりたくさん文章を引いてくると、「転載」になってしまいます。転載の場合は著作者から許可をいただかなくてはなりません。この「引用」と「転載」の違いについてもやもやする人が多いと思います。

・どこから引用してきたか、出典を書いておくこと

これは当然のことですね。例えば、ある出版社が、「引用してきた出版物の該当ページをコピーして添付してください」と言ってきたことがありました。本当にその著作物が存在して、そこから改変なく引用したのか確認したかったのだと思います。面倒でしたが、この編集者はちゃんとしているなと感心しました。
基本的に、これらのルールを守れば、引用して大丈夫です。

▼「転載」や「参照」「参考」のおおまかな違い

「転載」とは、著作権者から許諾を得て、その文章をまるまる写させてもらうことです。もちろん出典も明記します。ライターとしても、著者としてもあんまりないことだと思います。

「参照」というのは、資料や図表、グラフなど目に見えるものを指して、「ここを見たらわかります」と示すものです。出典も明記します。

「参考」というのは、「これらの資料を参考にして自分で考えて書きました」ということで、目に見えづらい広い範囲のものを指して使います。こちらでも出典を明記します。

ウェブライターとしては、「引用」以外はあまり気にしなくていいと思います。ただし、**どんな場合でも出典は書く**ように心がけたほうがいいでしょう。

大まかに話しましたが、著作権や引用などの問題はけっこう悩ましいものです。悩んだときはメディアの編集者や担当者に相談しながら進めるようにしましょう。

無理をしない仕事術と時間の使い方

▼心身を病んでは何にもならない

「書く仕事」が順調に増えてきて、〝いっぱいいっぱい〟になってきたというときが来るかもしれません。副業であれば、本業との兼ね合いもあって、締め切りに追われることになってしまうかもしれません。本来は「そうなるといいな」と望んでいたことかもしれませんが、いざ、自分がその身になってみると大変なことです。

ここまで口を酸っぱくして言ってきたことですが、仕事を請けたら「締め切り」は厳守です。副業だから許されるというものではありません。しかし、無理をすると心身を病んでしまい、何のために「書く仕事」をはじめたのかわからなくなってしまいます。

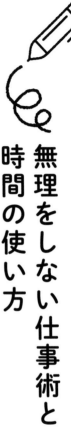

そこで**無理をしない仕事術と時間の使い方の工夫**が必要です。とはいえ、読者のみなさんの働き方や生活の状況は千差万別でしょうから、筆者が行なってきたことをご紹介します。**要は「いかに集中できる時間を捻出するか」**です。

・早朝型に切り替える

筆者はこれしかないと思っています。本業の連絡や電話もかかってこない、まだ頭脳が疲れていない早朝2時間に集中して仕事をするようにしていました。筆者の場合、ここ数年は介護もしながらでしたので、誰も起きてこない朝4時に起きて6時までがゴールデンタイムでした。

・スマートフォンを最大限活用する

パソコンに向かって原稿を書くだけでなく、移動時間、休憩時間にスマートフォンで原稿を書きましょう。Ｗｏｒｄと相性のいいＧｏｏｇｌｅドキュメントは、パソコンでもスマートフォンでも使えます。電車の中で1行でも2行でも思いついたことをスマートフォンで書いておきましょう。原稿をゼロから書くよりも、数行でも文章を書き出しておけば、あとが楽になります。

・集中できる「第3の場所」を持つ

カフェでも、コワーキングスペースでもいいですから、会社でも家庭でもない、「書く仕事」に集中できる「第3の場所」を確保してはどうでしょうか？　筆者はコワーキングスペースでした。

・「いざ」というときの仲間を持つ

「書く仕事」をはじめたばかりの頃はむずかしいかもしれませんが、「書く仕事仲間」あるいは「ライター仲間」をつくっておき、あまりに仕事が増えてしまったときは手伝ってもらえる態勢をつくっておくことです。いろいろありますが、これが一番助けになります。

「これで間違いない」という方法はありませんが、自分の性格や生活スタイルを考えて、これらをうまく組み合わせ、「書く仕事」で疲れ果ててしまわないようにコントロールしたいものです。

9章

「書ける人」は本業でも活躍できる！

ビジネスでは「書けること」がますます大事になっている

▼「書くこと」はポータブル・スキル

ある朝、テレビを見ていたら、「おはよう日本」（ＮＨＫ、２０２３年１月８日放送）内で、『ＬＩＦＥ　ＳＨＩＦＴ（ライフ・シフト）１００年時代の人生戦略』（東洋経済新報社）の著者リンダ・グラットン氏が、人生１００年時代を生き抜いていくためには「ポータブル・スキル」（業種や職種が変わっても持ち運びできる職務遂行上のスキル）が必要だと話した上で、自分は書くことが得意なので、ほかの仕事でもそれを生かせるという趣旨のことを語っていました。

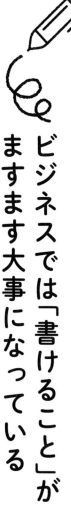

筆者も、「書くことが得意」というのはどこでも役に立つスキルであり、「書く仕事」によって得たものは、ほかの仕事でも生かせると確信しています。

例えば、会社での仕事では、いろいろな局面で「書くこと」が関わるのは言うまでもありません。昔は、対面や電話で話して伝えることが多かったでしょうが、現在ではメールやメッセージなどテキストデータが重要になっています。

また、報告書、依頼状、提案書など、「書くこと」が関わり、テキストつまり文章で相手にどう伝えるか、ちゃんと伝わるかがビジネスの生命線と言ってもいいでしょう。ライターとしてだけではなく、会社員としても「書ける人」が重宝されます。その意味でも、ライターなど「書く仕事」の経験は、長きにわたり自分のキャリアにプラスになると信じています。

▼相手に伝わり、相手を動かす文章を「書ける人」が求められる

例えば、さまざまな会社からメンバーが参加するような大きなプロジェクト。そこでは、プロジェクトの意義、日々の進捗や注意点の連絡、さまざまな場面での対処方

法などを言語化し、メンバーにわかりやすく、簡潔に伝えなくてはなりません。ここで生きるのがライターなど「書く仕事」で培ったスキルです。**大事なことを言語化したり、文章化したりして必要なポイントを必要な相手に伝えるというのは、まさにライターがやっていること**です。やたらと長い文章は読まれません。「書く仕事」を経験した人間はそこで優位に立てるでしょう。

社内提案やクライアントへのプレゼンテーションの場面でも、「相手に伝わる文章」が求められますし、さらに「相手を動かす文章」が必要になります。ここでも「書く仕事」で身につけたことが役立つはずです。ライターの仕事は、まさに文章で相手の行動を喚起することです。

現在では、会社員が、**自社のオウンドメディア（自社で運営するウェブメディア）やSNSで執筆をする機会も増えている**と思います。会社員として記事を書くことが求められています。

そんなとき、「まったく書けない」人と「ウェブライターの経験がちょっとある」

人では、大きな差があるでしょう。ウェブメディアに自分の文章を掲載し、編集者の薫陶を受け、読者からの反響を経験した人は、きっとそんな場面でも活躍できるだけでなく、企画段階から重用されるかもしれません。

また「書く仕事」が会社の仕事に直結するのは**広報業務**でしょう。自社の情報を広く世の中に知らせるためにマスコミに発表するプレスリリースには、まさにライターで培ったスキルが生かされるはずです。プレスリリースだけでなく、マスコミ向けに連絡を取ったり、記事掲載を促したり、あるいは自身でＳＮＳを更新するなど、「書く仕事」はたくさんあります。

本業を生かす・本業を深める「書く仕事」

▼副業ライターがつかむチャンス

現在、いろいろな会社で副業が容認されるようになってきました。政府も「副業・兼業」を推進しようとしています。「書く仕事」は、副業の中でも取り組みやすく、かつ、とても役に立つものだと思います。ここまで述べてきたように「本業とのかけ算」ができるからです。

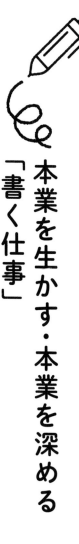

本業での専門分野を持つ人が副業でライティングを行なうと、新たな報酬が期待できるだけでなく、そこで得た知名度が本業にいい影響を与えるでしょう。

書くことによって考えがさらにまとまり、伝え方が研ぎ澄まされ、社内外への発信力が高まるはずです。書籍の発売や講演、マスコミ取材など、さらに活躍の場が広がるかもしれません。今後のキャリア形成を考えたとき、自分の専門分野に「書ける人」というスキルをプラスすることによって、いろいろな可能性が広がるのではないでしょうか。

副業ライターをはじめるのに対してリスクはありませんし、力仕事も必要ありません。家でもすき間時間にでも取り組めます。主婦で副業ライターをしている方もたくさんいますし、それで給与以外の報酬として月数万円の収入を得ています。シニアでも取り組みやすく、60歳を超えてはじめた人もいます。ぜひ副業として「書く仕事」をはじめることをおすすめします。

副業の心得

▼副業にも責任を持つこと

副業と言えども、ライターとして記事を書くのなら、最低限、本書に書いたようなことは心得ておいてください。世間に向けて記事を書くということは、責任もあります。もちろん最終的な責任はメディアや出版社が取るのでしょうが、まず著作権者である書き手が注意すべきことです。

また、**情報漏えい**などにも気をつけなくてはなりません。業務委託契約を結んで仕事をするならば、なおさらです。カフェやコワーキングスペースなどで仕事をするときには、「暗号化されていない公衆Ｗｉ－Ｆｉなどは使わない」とか「席を離れるときにはパソコンも持っていく」「パソコンやスマートフォンを車の中に残さない」など、**セキュリティ対策が必須**です。

また、仕掛かり中の仕事について安易に友達に話したり、ましてやその内容をＳＮＳにアップしたりすることがないようにしましょう。

そして再三再四述べてきたように、スケジュールを守りましょう。「副業だから」というのは許されません。本書は、「『書く仕事』でお金をいただくようになる」ために書いてきたものですが、お金をもらう以上、あなたはプロフェッショナルとして扱われるのです。

ＡＩとの共存

▼チャットＧＰＴなど、ＡＩライターの登場？

２０２２年末頃から「チャットＧＰＴ」（https://chat.openai.com/chat）というＡＩが話題です。対話型のＡＩで、簡単に言えば「知りたいことを聞けば何でも文章で答えてくれる」システムで、あまりに簡単に文章で返してくれることから、「今後はライターの仕事をお願いできるのでは」という声まであがる始末です。

ここからは筆者の推測ですが、チャットＧＰＴは、インターネット上にあるさまざまな情報をもとに、それらしい答えを比較的正確っぽくまとめているだけで、人間のようにイチから考えているのではありません。なので、集めてきた情報が誤りなら、どんなに正確っぽく見えても、それは全然ダメな記事です。

ただし、チャットGPTは今後どんどん進化していくと思われます。さらに正確な文章をつくり出していくことは十分に予想できます。

すると、人間のライターの仕事として、チャットGPTなどAIが出してきたいろいろなものをファクトチェックしてまとめることが多くなると思います。

つまり**AIの助けを借りて文章を生み出し、「選び判断すること」が中心になるかもしれません。**そうするとライターというより編集者の仕事です。また、ファクトチェックもしなくてはならないので、校閲者の役目も果たします。つまり、「いい編集者」の仕事はなくならないはずです。ライターだけでなく、**企画・編集・校閲ができる「コンテンツメーカー」みたいな人に役割が変わっていくかもしれません。**

しかし変わらないのが、「人への取材」です。人から話を聞き出して、オリジナルの記事をつくる。そんな記事の価値はますます高くなると考えます。

もし、これから「書く仕事」をやろうという人は、企画、編集、校閲など周囲のいろいろな仕事に興味を持って、全局面で仕事ができる姿を目指すといいかと思います。

ターゲット	文章を書く際、それを読んでほしい相手のこと。性別、年齢、家族構成、年収、趣味などで設定する。
著作権	「著作物」を創作した者（著作者）に与えられる、無断コピーや二次利用されない権利。
地の文	特に記事の中で、会話や引用以外の部分の文章。
地取り	取材のため現場周辺で聞き取りしてまわること（特に事件や事故）。
定期刊行物	定期的に発行される新聞、雑誌などの出版物。
DTP（ディーティーピー）	デスクトップ・パブリッシングの略。出版物の制作工程をコンピューター上で行なう作業のこと。
テストサイト	公開前のウェブサイト。ここでウェブ記事の内容、デザインなどの最終確認を行なう。
ドキュメント	IT業界での書類、資料、記録物などの呼び方。図版やデータも含む。
トンマナ	tone＆manner。表現に一貫性を持たせること。
投げ込み	プレスリリースを記者クラブなどメディアに持ち込むことの俗語。
ひらく	漢字をひらがなで表記すること。「漢字をひらく」と言う。
表記の揺れ	同じ単語を書くときに複数の表記をしてしまうこと。
プレスリリース	企業や組織・団体の正式発表を、メディア関係者が記事にしやすいように整えた文書のこと。
ページビュー（PV）	ウェブページが閲覧されること。PV数は閲覧された回数のこと。
ペルソナ	ターゲット読者（購買者）の代表として、年齢や職業、居住地などを詳細に設定した架空の人物像。
ポートフォリオ	過去の執筆や記事制作実績をまとめた作品集。クライアントへの営業ツールとして使う。
戻し	提出した記事原稿の修正指示を編集者やクライアントから受けること。
リード文	本編に入る前の導入文。概要を簡単に伝えるものや問題提起など、読み手の興味を呼ぶものが望ましい。
リファレンス	参照、出典などの意味。サイト上にある分野の事柄について網羅的にまとめたコンテンツをそう呼ぶことが多い。
レギュレーション	規則、規定、規制の意味。制作する上での決まり事。
ローンチ	新しい事業やサービスなどの立ち上げのこと。ウェブサイトの新規公開や大型リニューアルもそう呼ぶことが多い。

巻末付録

「書く仕事」関連用語辞典

アフィリエイト	成果報酬型の広告。サイトやブログに貼った広告経由で商品が購入されると報酬が発生する。
色校	指定した通りの色で印刷されているかを確認するため、紙に試し刷りしたもの。
SEO（エスイーオー）	Search Engine Optimizationの略。ネットでキーワード検索したときに上位表示させるための施策。
オウンドメディア	自社が保有・運営・投稿しているブログやSNSなども含むメディアの総称。
外注／アウトソーシング	外注は業務を外部に委託すること。アウトソーシングも同様だが、より経営効率化を目指す意味。
書き起こし／文字起こし	録音された音声を文字に変換し、一定の文章に整えていく作業。
記事構成指示書	記事を制作する際のタイトル、見出し、文字数、入れ込む情報などが書かれた書面。
休刊／廃刊	雑誌を経営上の理由などで一時発行を休止すること。完全に発行を取りやめる場合は廃刊。
業務委託	業務（執筆、制作など）を社外の企業や個人に依頼すること。
クラウドソーシング	ネットを通して仕事の発注者と仕事を受ける人を結びつけるサービス。
校閲	書いてある内容の正確性をきびしくチェックすること。
校正	誤字脱字やおかしな文章を修正すること。
校正刷り／ゲラ	印刷の前に仕上がりを確認するため紙に印刷したもの。ゲラとも言う。
校了	校正・修正が終わり、印刷する段階のこと。印刷所にデータを渡す日を「校了日」と言う。
こたつ記事	取材せず、ネットやマスコミ情報などから書かれた記事の総称。
コンテンツ	テキスト、画像などを総合的にまとめたものを指し、ウェブ業界ではおおむね記事のこと。
コンバージョン（CV）	ウェブサイトにおいての最終目標。閲覧者にしてほしい行動（購入、登録）など。
初校／再校	初校は原稿をもとに作成した最初の校正刷り。初校の赤字を反映させた次の校正刷りが再校。
生成（ジェネレーティブ）AI	利用者が文字を入力すると、それに応えて文章や絵などを自動的に作成してくれるAIのサービス。
責了	責任校了の略。クライアントなどが制作物の最終確認と校了を制作者・編集者に任せること。

あとがき

本書をお読みいただきありがとうございます。いかがでしたでしょうか。最後に述べたＡＩの話の続きですが、「ライターの仕事もＡＩに取って代わられるのでは？」という声があがっています。

正直、ＡＩが人間の仕事領域にどんどん入ってくるのは止められないでしょう。文章をつくる作業の一部もＡＩに任せることになると思います。特にお役所の手続き文書や機械の取扱説明書などはＡＩに任せてもいい「書く仕事」ではないでしょうか。

しかし、ＡＩには心も気持ちもありません。本書で書いてきたように、「人の心や気持ちを動かす文章」を生み出そうとしても、そもそも無理です。実例として「ＡＩに旅行レポートを書かせた」という記事がありました。一見それらしい出来なのですが、それは世の中にある情報を寄せ集め、レポートらしくしただけのものです。実際その場所に旅行してみて、感じた経験や気持ちを読者に伝えたい、読者の気持ちを動かしたい、と考えて書かれた人間のレポートには遠く及びません。

また、データをどこかから集めてきてＡＩが整えた記事は正しいかどうか（そもそも勝手に集めていいデータなのか）？　きちんとした記事をつくりたいならＡＩが書いたことを調べ直す必要があります。試しに筆者もＡＩにレポートを書かせてみましたが、一見それらしいことが書かれていますが、書かれている内容は半分ぐらい間違ったものでした。きちんとした記事を書きたいなら、初めから自分で企画し、調べ、人に取材して構成しないと、とうていお金はいただけないと感じました。

ただし、矛盾するようですが、「ＡＩなんて使わない」と、頑なな態度を取るのもちょっと違うかなと思うのです。

本書は「書く仕事を得ていきたい」と考える人のためのもので、筆者もずっと「書く仕事を得ていきたい」と考えるひとりです。そういう人間は、新しいものに好奇心を持って触れてみるべきだと思うのです。世の中で大きな流れになりそうなものには、まず触れてみて「自分はこう思う」という感想を持ち、そしてそれをまわりに話せるぐらいでいたいものです。触れた新しいものはすぐに廃れるかもしれません。それはそれでいいでしょう。そこに触れた経験は何かの種になります。

ひょっとして、新しい技術が自分の仕事を面白くするかもしれない。しかし新しい技術が自分の立場を脅かすかもしれない。どうすれば自分は生き残って、仕事を獲得し続けられるのか、これは新しいものに触れてみないとわからないことで、ただただ毛嫌いして見ないふりをしても、あまり役にも立たないでしょう。

昔、産業革命で蒸気機関車が生まれ、そのことで馬車が廃れてしまいました。馬車の馬具をつくっていた職人たちは仕事がなくなったと途方に暮れましたが、デザインというものが武器になると気づき、馬具を装飾品にして生き残った人たちがいました。そのひとつが「エルメス社」です。世界的企業ですね。私たちも新しいものが出てきたら、新しいものを認めつつも、「では何が自分の武器になるのか?」、自省することが必要なのでしょう。

話が大きくなりましたが、「書く仕事」がなくなることはなく、「書ける人」にはいろいろな仕事の可能性があります。まずは何か書き出してみてください。そして、筆者にもいつか見せてください。お待ちしています！

2023年6月

藤木俊明

著者略歴

藤木 俊明（ふじき としあき）

有限会社ガーデンシティ・プランニング　代表取締役
関東経済産業局登録マネジメントメンター／副業評論家

リクルート、ぴあを経て1991年コンテンツ企画制作の有限会社ガーデンシティ・プランニング創立。社業のかたわらライティングや企画書制作の講師を務め、さらに近年は「複業」の啓蒙にいそしむ。NHK総合「ごごナマ」などメディアにも出演。
著書に『年金にあとプラス10万円を得る方法』（産学社）、『会社を辞めずに"好き""得意"で稼ぐ!「複業」のはじめ方』『5分で相手を納得させる! 「プレゼンの技術」』（ともに同文舘出版）、『マンガでわかる人工知能』（共著、インプレス）などがある。

著者ホームページ　https://www.fujikitoshiaki.com/

※本書で紹介したサービスや機能などは2023年5月時点の情報に基づいて作成しております

安定して頼まれるライターになる！
「書く仕事」のはじめ方・稼ぎ方・続け方

2023年6月29日　初版発行

著　者 —— 藤木俊明

発行者 —— 中島豊彦

発行所 —— 同文舘出版株式会社

東京都千代田区神田神保町 1-41　〒101-0051
電話　営業 03（3294）1801　編集 03（3294）1802
振替 00100-8-42935
https://www.dobunkan.co.jp/

ISBN978-4-495-54140-8
印刷／製本：萩原印刷
Printed in Japan 2023